部活動って何だろう？

ここから変えよう

しんぶん赤旗「部活って何」取材班

新日本出版社

まえがき

本書は２０１６年10月から17年8月まで、「しんぶん赤旗」に掲載された「シリーズ　部活って何」をもとにまとめたものです。

「部活動に関心のある人、集まって！」。昨秋、編集局にそんなアナウンスが流れ、数人の記者が顔を合わせました。社会部、くらし家庭部、国民運動部、スポーツ部、読者室、日曜版編集部……。中学、高校の部活動に思い入れを持つ記者だけでなく、子どもが「ブラック部活」に直面している切実な思いを抱えた記者も含め、議論が始まりました。

長時間練習、休日もない部活動は、子どもたちを追い込み、教員の過労死を招きかねない深刻な事態にあります。暴力や暴言を伴った指導、非科学的な練習やしごき、いじめ、重大な事故も後を絶ちません。根源に何があるのか。これをどう解決し、あるべき姿を見出すか――。答えが見えず、「うーん」と議論が途切れることも。「とにかく現場を取材してみよう」。そんな手探りのスタートでした。

心が折れそうな子どもたち、悩みつつ指導する教員、保護者の嘆き……。これらをみつめる研究者の提言にも多くの示唆をいただきました。そこから多くの事実や材料が提供できるよう、心がけた連載でもありました。

一助となったのは掲載開始から次々と寄せられた読者の声でした。その数は私たちの予想を大きく超えるもので、みずからの経験、生々しい実態をつづっているものが少なくありませんでした。

小、中学校とソフトボールに打ち込む娘を見てきた父親は、長文のメールで訴えました。

「指導者は『勝利至上主義』に染まり、長女は土日と祝日は早朝から丸一日、野球漬けの生活で疲れきりました。……こんな地獄を体験するとは夢にも思いませんでした」

陸上部の孫娘が過激な指導者の下で苦しむ様子を、祖母が切々と伝えてくれました。

「孫は、試合前の練習で靭帯《じんたい》を切る大けがをしました。すると顧問は書類を投げつけ、『俺のいうことを聞かないからやろ』と怒鳴ったそうです。整形外科でギプスをすると、『そんな医者はやぶ医者や、俺の知っている医者に替えろ』。……私は何もしてあげられず胸が痛みます」

こうした「叫び」がいくつも寄せられ、直接に取材にうかがったものもありました。

部活動はいま、曲がり角にあります。長いこと問題が放置され、多くのゆがみ、ひずみを生み、〝制度疲労〟を起こしているといってもいい。それらをどう修復し、あるべき姿を模索していくのか。一番の力は社会的な議論です。当事者だけでなく、多くの人々が認識を深めることが、その近道になることは間違いありません。
大阪の女子高校生からは丁寧な字でびっしりと書かれた手紙も届きました。「『部活って何』で書かれたことは事実ですし、負の面に向き合うことも大切です。同時に多くの生徒が楽しんでいるということも事実だとお伝えしたいと思ったのです。……いまの高校生が、部活動をこれだけ愛しているということを知っていただきたかったのです」

本来、部活動は楽しいものです。個々の生徒を伸ばし、成長させ、自主的な力を発揮させる。生涯の友をつくり、集団を運営する自治的な力もはぐくみます。そんな愛すべき部活動が多数となり、「ブラック部活」の言葉が不要となるように――。本書の願いもそこにあります。そのためにこの本が少しでも役立てられたらこんなうれしいことはありません。

２０１７年10月

しんぶん赤旗　スポーツ部　和泉民郎

目次

第4部　ここから始めよう――専門家の提言　69

1　何よりも子の命を守る（日本体育大学スポーツ文化学部武道教育学科准教授　南部さおりさん）　70
2　子どもに自治の力を（宮城教育大学教育学部保健体育講座准教授　神谷　拓さん）　73
3　強制入部「懲役3年」？（部活問題対策プロジェクト運営メンバー・元公立小中学校教員　小阪成洋さん）　76
4　「誤った成功体験」の陰で（日本スポーツ法学会理事・弁護士　望月浩一郎さん）　79
5　どんな学び保障する？（京都精華大学人文学部教授　住友　剛さん）　82
6　人生楽しむ練習場所に（早稲田大学スポーツ科学学術院准教授　中澤篤史さん）　85
7　命を守れる指導者に（工藤奈美さん、英士さん、風音さん＝遺族）　88
8　豊かに育つゆとり（全日本教職員組合書記長　小畑雅子さん）　91
9　予算を増やして解決を（日本中学校体育連盟専務理事　菊山直幸さん）　94

〈補論〉スポーツ体罰・暴力を問う

はじめに――なぜ過熱解消されない？

「部活で遅くなり、授業の準備が十分にできない」「お盆と年末年始しか休みがなくて、もうくたくた」――。中学校や高校での部活動が過熱し、教職員も子どもも苦しんでいます。時には、教育現場にあってはならない暴言や暴力まで……。シリーズで学校の部活動問題を考えていきます。

■先生――土日を休めと言われても……

「子どもたちに『がんばってー』と声をかけるぐらいしかできなくて。1日がかりの練習試合でも、私にとっては苦痛の時間でしかありません」

青森県内の若手の中学校教員。教員はどこかの部活動の顧問を引き受けなければなりません。バレーボールの競技経験は皆無なのに男子バレー部の副顧問をしています。

同部の顧問は3人いますが、練習の時も、練習試合や競技大会の時も、3人全員がいなければいけない決まりです。

「学校全体が勝ちにこだわっているんです。『優勝でなければだめ。準優勝は負けなんだ』なんて言う。月曜の朝は教員も子どもも疲れているのがわかります」

野球部の顧問をしているあるベテラン中学校教員は、若かったころを振り返り、「休んじゃいけないという強迫観念があった」といいます。休日も朝7時から夕方までびっしり練習し、大会前日も練習しました。最近になってやっと、前日練習に大して意味はなく、むしろクールダウンが必要だと気付き、やめました。

今は、県の指針や県内校長会での申し合わせで、部活動の休止日を決めていますが、なかなか守られません。

土日は大会が入ります。強くなればなるほど、他校から練習試合を申し込まれることも増え、『せっかく申し込んでくれたから』とか『もう次から呼ばれなくなるんじゃないか』とか考えてしまって、断りにくいんです」。出場する大会を減らしたいと思っても、「出る資格があるのになぜ出ないのか」と保護者から苦情がくることも。土日は休みにくいのが現実です。

■保護者――試合のたびに車で送迎大変

実は、保護者も大変です。青森県内では、他校や遠くの施設での試合の際には、車での送迎が欠かせません。その際、教員の運転は禁止されており、保護者が子どもの送り迎えをしなければならないのです。

ある教員は「さまざまな事情で送迎できない保護者もいます。でも、他の保護者に毎回頼むのはしのびないと、わが子に部活をあきらめさせる保護者もいる」と話します。

送迎中に、事故も時に起こります。16年10月8日には、石川県内の公立中学校の野球部員を乗せたマイクロバスがワゴン車と正面衝突し、部員2人が死亡。運転していたのは保護者でした。

■子ども――好きだけど……休みがほしい

「サッカーは好きです。でも、せめて月に1日か2日休みがあれば、もっとがんばれるのに」

こう話すのは、神奈川県内の公立中学校に通う佐藤隼さん（仮名）です。サッカー部。

「こうしようと考えていたことが、試合中に生きた時が楽しい。普段の練習の成果が発揮された瞬間ですね」と話します。

が、超ハードな練習が悩みでした。休みはお盆と年末年始の3、4日間だけ。朝も6時半から8時まで練習です。「『おまえらサッカー好きなんだろ』と、毎日サッカーができる環境をつくってやってるみたいな感じ」。休みを取りたいと思っている人はほかにもいますが、「意見を言いにくい雰囲気がある。『だったら部活来なけりゃいいじゃん』みたいになる」

佐藤さんは、顧問からのアドバイスの仕方も納得できませんでした。「何が悪いかわからなくて困っているのに、『何やってんだ』って怒鳴られるだけだと……。スポーツって最終的には気合が大事という面はあるけれど、やる気だけでなく技術も大事。具体的なアドバイスの方が後につながると思います」

■部活動を定義することから始めよう

教員も子どもも保護者もさまざまな矛盾を感じていますが、なかなか簡単には解消されない……。「それは『部活動とは何か』という認識がバラバラだからです」――こう指摘するのは、宮城教育大学准教授の神谷拓さんです。神谷さんは、若者を使いつぶす「ブラック企業・ブラックバイト」と同様、子どもや教師を使いつぶすのが「ブラック部活」だといいます。

そもそも部活動の指導は、教員の職務として明確に定められてはいません。学習指導要領では、部活動は学校教育活動の一環としながらも、生徒の自主的、自発的な参加によって行われる教育課程外の活動として位置づけられているにすぎません。校長が教員に命じることができる例外的な超過勤務業務にも、部活動は含まれていません。

ところが一方で、対外試合の勝敗にとらわれ過ぎた反省から禁止された全国大会が、徐々に解禁されていき、過熱に拍車をかけます。部活動の競技成績は、進学にも活用されてきました。「部活動にはどういう教育的な意義があるのか、という議論を尽くさないまま教員がかかわらざるを得なかったことが、さまざまな矛盾を大きくしてしまった」と神谷さん。さらに、教員の免許法には部活動に特化した科目が位置づけられていないため、「今は『無免許運転状態』だ」とも強調します。「『部活動とは何か』を定義した上で、教員としてここまではやろうという区分けをはっきりさせる。そこから始めることが大事だと思います」

第1部　子どもから見る

1　「根性・気合」という暴力

「スポーツをすることの楽しさを学んだり、仲間ができた」「部活を支えに登校していた」（いずれも40代女性）――。卒業後も部活動の思い出を大切にしている人たちがいます。一方で休みのない過酷な練習に悩み、「孫が大けがをしたのに怒鳴られた」など暴言や暴力に苦しむ人たちもいます。子どもにとって部活って何？　考えてみました。

「『体罰』という言葉をやめましょう。暴力は暴力以外の何物でもありません」

岩手県に住む近藤浩さん（仮名）の息子は高校時代、バレーボール部での暴力や暴言が原因で学校に行けなくなりました。心的外傷後ストレス障害（ＰＴＳＤ）と診断され、今も苦しんでいます。

■真相解明を求め

浩さんは真相の解明と謝罪を求めて２０１５年9月、民事訴訟に踏み切りました。第三者調査委員会設置を求める準備も進めています。

だんだん元気がなくなり、学校への足が遠のいていく息子。何か変だと思いながらも、バレー部の顧問が原因だなどとは夢にも思わず、ほかの原因を一生懸命探し回りました。「息子が弱いんじゃないか」「私たちの育て方が悪かったのか」と、心に寄り添うことができなかったことを、今も悔いています。

「『何でも話し合える親子関係があれば気づくはず』などという評論家もいます。でも、子どもはサインを出すどころか必死に隠そうとすると思うんです」

近藤さんも発言した「指導死」親の会のシンポジウム＝16年9月17日、東京都内

「部員に手をあげたことはいっさいない」などと繰り返してきた顧問は、裁判が始まった途端、息子や部員に対する言動について詳細に話し始めました。

何度かこぶしで机をたたいた。鍵を壁に投げつけた。「ふざけるな」「なめんじゃねえぞ」と怒鳴りつけた——。

他の部員に対しても両手で頬をたたいたり、「おまえは駄馬だ」「駄馬がサラブレッドに勝てるわけねえんだ」などと言ったりしたと認めました。が、あきらめずに練習するようにとの思いからであり、「気合を入れるためだった」と言いました。

「根性とか気合とか指導とか言い訳するのは、根本的に間違っています」。母親の恵子さんは憤ります。

■支えて励まして

浩さんは真相を知りたい、支援をしてほしいと奔走してきました。しかし、厳しくやってもらった方がいいという親もいます。「今はそんなことをやっている場合じゃない。息子さんは大学の受験勉強に力を注いだ方がいい」という人もいました。「そんな簡単なもんじゃないとどう説明するか、なかなか難しい……」

最近になって息子は「もっと自分をさらけ出せばよかったかな」と話しているといいます。「少し振り返ることができるようになったのかもしれません」と浩さん。「でもこのままでは、息子一人が苦しみを背負い続けることになります。そんなことは許せません」

恵子さんは言います。「子どもを支えて、励まして、希望に導くのが教育だと思うんです。暴力や暴言にあうかもしれないという疑念をもってわが子を学校に行かせるのは、とても悲しいことです」

2　暴力なぜなくならない

学校という教育の場とは相いれない暴言や暴力。なぜ部活動からなくならないのでしょうか。

「殴って強くするというような非科学的な指導は減りました。かわりに増えているのは、生活指導的な暴力ではないでしょうか」

こう話すのはスポーツ史・スポーツ社会学を研究する高知大学地域協働学部の准教授、中村哲也さんです。

生活指導的な暴力とは、「規則を破る」「学校の宿題をやらない」というような場合の「指導」のこと。ここには、進学の際のスポーツ推薦が大きくかかわっていると指摘します。

中村哲也さん

■非科学的な知識

部活動を3年間続ければ、進学の資料となる調査書（内申書）で評価されることもあるため「生徒は暴力的な『指導』が嫌で部活をやめようと思っても、なかなかやめられない」といいます。

もう一つの原因は、「殴れば強くなる」という非科学的な知識しかない指導者がいまだにいることです。

「殴る『指導』が常態化すると、生徒が自分で瞬時に判断することができなくなります。大会成績がトップレベルのところでは、殴っても決して強くはならないという知識がありますが、いまだに殴って『指導』している大学の野球部もある」と中村さん。「暴力でその場だけ言いなりにさせても、子どもは強くはなりません」

学校での事故・事件に詳しい京都精華大学人文学部の教授、住友剛さんは「競技団体の大会のあり方や選手の育成方法を根本から考え直すべきだ」といいます。

大会スケジュールを過密化させ、選手の育成を部活動任せにして学校ごとに競わせるしくみが、教職員も子どもも追い立てていると批判。入学する中学校が選択できる地域では、学校の特色を押し出すために部活動の大会成績に重きをおかれがちだといいます。

■ゆとりが不可欠

何より、適切な「あそび」の時間と空間、豊かな人間関係がつくれるぐらいのゆとりが、学校には欠かせないといいます。

「暴言や暴力の多くは本人がストレスをためて、いら立って、感情を抑えきれずに、子どもにキレてしまった結果なのではないかと感じるんです。すし詰め状態のお弁当箱に、さらに何もかも詰め込もうとするのには土台無理があります」

その上で住友さんは、「信念」をもって暴言を吐き、暴力をふるうような教員に対しては、腰をすえた対処が必要だといいます。「教員をいったん現場から離して、そういう『信念』が一体どこからくるのか、きちんと向き合わせなければいけないと思います」

3 「うつ」など脳に影響
――福井大子どものこころの発達研究センター友田明美教授に聞く

長時間の過酷な練習や暴言・体罰など、部活動をめぐる問題が子どもたちにどんな影響を及ぼすのか。脳科学から見た問題点を福井大学子どものこころの発達研究センターの友田明美教授に聞きました。

■睡眠障害おきる

――長時間、休みなしの部活でどんな問題が起きていますか。

私が診た中学2年の女の子は、バスケットボール部で朝練習に始まり、夕練、土日も休みなく活動するオーバートレーニングでした。そのうち睡眠障害に見舞われ、私のところに来たときには、うつ状態で心が折れた状況でした。

――このとき脳はどんな状態なのですか。

脳の中は全体の血流が低下し、とくに前頭前野の機能が落ちていました。意欲が喪失し、自律神経にも影響がありました。こうなると回復までに時間がかかることが多い。

――体罰で追い詰める指導者もいます。

私は長期に親から体罰を受けた子どもの脳が、萎縮《いしゅく》することをつきとめました。虐待や体罰で脳がストレスホルモンを大量に分泌し、発達を一時的に止めてしまいます。それによって、感情や意欲にかかわる前頭葉の一部が最大約19％、集中力にかかわる前帯状回が16・9％、認知機能にかかわる前頭前野背外側部が14・5％ほど小さくなります。これは虐待を受けた子らの研究ですが、スポーツ指導にも共通すると考えています。

――脳の萎縮でどんな問題が生じますか。

前頭葉は思考や自発性、感情、理性などの中心です。さらに学習や記憶をつかさどる部分や本能的な欲求、衝動を抑える他の部位も萎縮します。つまり、人間が人間になるための大事な部分が育たなくなる。体罰には子どもたちをそうした状況に陥らせる大きな罪があると知るべきです。

友田明美さん

――暴言の影響は。

■暴言軽視できず

暴言も軽視できません。「おまえのせいで負けた」「死んでしまえ」などの怒声や暴言は、身体的な暴力より深刻な影響を及ぼしていることがわかっています。しかも、それは周囲の子にも及んでいるのです。

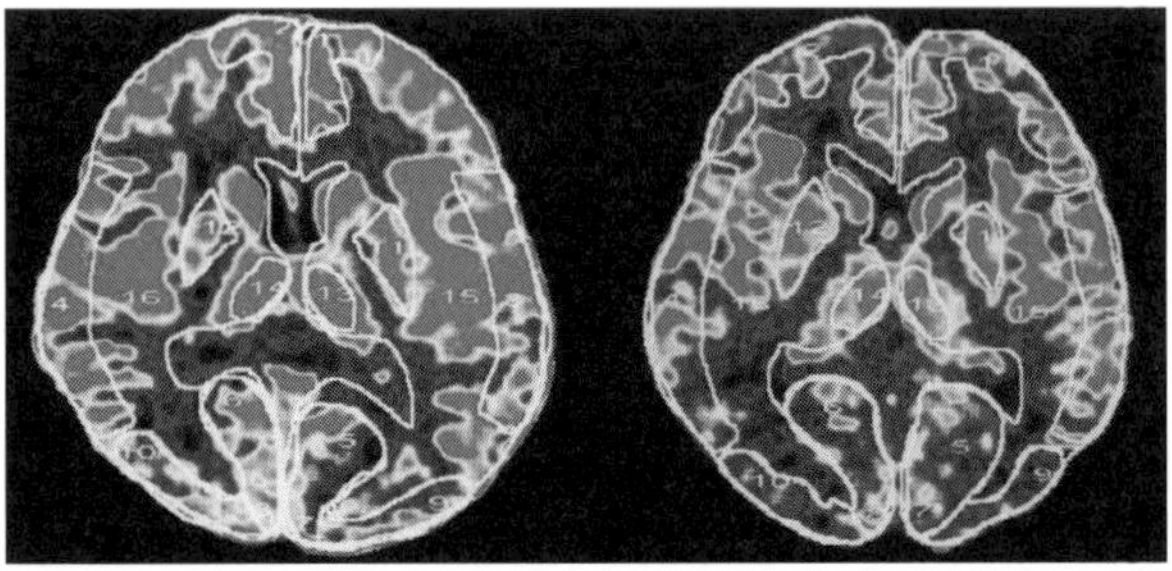

部活動でうつ状態の子の脳断面のCT画像（右）。正常な左に比べ、灰色の部分が少なく、血流の低下がわかる。

――指導者が心がけるべきことは何ですか。

子どもたちはストレスに弱い存在です。ストレスには三つの原則があります。一つは、要求度の高低。試合の勝敗や成績などの要求が高いとストレスが強くなります。二つ目は自由度。学業でもスポーツでも、その人の裁量権、自由度が小さいほどストレスは強くなります。三つ目は上に立つ人の姿勢です。指導者は生徒を突き放しただけで、認めてあげないとそれだけで生徒はボロボロになります。しっかり認め、サポートしてあげることが必要です。これらを踏まえて指導してあげてほしい。

（ともだ・あけみ　医学博士。熊本大学大学院小児発達学分野准教授を経て、現職。日米科学技術協力事業「脳研究」分野グループ共同研究日本側代表者を務める。著書に『子どもの脳を傷つける親たち』〈ＮＨＫ出版新書〉）

4　生徒主体で週3練習

東京都町田市の私立和光中学校はクラブ活動（部活動）を週3日と決めています。少ない日数でどんな練習をしているのでしょうか。

16年10月の学校公開日、男子バスケットボール部は紅白に分かれて練習していました。2年生のキャプテンは「部員は少なくてちょっとさびしいけれど、いっぱい試合に出られるのがいいところ。全員未経験者だけど、コーチが来てくれ週3日の練習でうまくなれる」と見学者に紹介します。

河合　民さん

■自信がプレーに

活動時間は1時間半～2時間。子どもたちの自主的な時間とクラスや生徒会の活動を保障するためです。顧問の河合《かわい》民《たみと》さんは「学校では授業が一番大事。その他にも勉強や生徒会、クラス活動など一生懸命やれていることが多いほどその自信がプレーに表れる、と生徒に話しています」と話しま

紅白に分かれて練習する男子バスケッボール部 =16年10月８日、東京都町田市の和光中学校で

す。

チームの主力になる2年生を中心に部員たちは自主的に朝、中休み、昼休みに集まって、学校の前の坂道を駆け上る「坂道ダッシュ」をしています。「体力がないと相手に勝てない、試合を楽しめないということに身をもって気付いた生徒から走り出します」

生徒会の顧問でもある河合さんは忙しく、練習に顔を出せる時間は週に1、２回で5～15分ほど。その間も卒業生のコーチと部員が練習を進めます。メニューはコーチや河合さんが考え、生徒に提示。どんなところを意識するべきか、互いに声を掛け合って確認して練習します。

■「結果」より「姿」

チームの目標を決めるのも生徒。「結果」よりも「姿」を重視。自分たちがどのような「姿」になりたいかイメージして言葉にし、「なりたい自分」になるために必要な努力が何かを一人ひとりが考えます。〝自分史上最高のプレーをすることで「なりたい自分」や「勝ち」に近づける〟

と考えて練習します。

　土日のどちらかは練習試合をすることが多く、獲得できたこと、足りなかったことを話し合い、次の練習試合までの目標を確認して解散。「対戦相手は『敵』ではなく、自分たちが成長するための『パートナー』」と河合さん。「相手に敬意をもってプレーすることは選手にも保護者にも浸透している」といいます。試合では先代の顧問から引き継いだ▽相手の不注意によるミスには拍手しない▽相手のフリースローの失敗に対しては拍手しない――ことなどを大切にしています。

　実は河合さんは中学校のバスケ部時代、暴力を受けました。「暴力からは忍耐しか身につかなかった」と振り返ります。和光中のやり方のように、生徒を権利の主体として尊重してこそスポーツが好きになり、技術が身につくと感じています。

5　部員も監督も変わった

「上からの一方的な練習には限界がある」

山口県東部のある公立高校野球部の監督は、そんな思いをずっと抱いていました。

監督が練習内容を決め、部員はただこなすだけ。他の学校が長時間練習をすると聞き、思わず練習が長くなることもありました。「このままでいいのか」

■意見がぶつかった

16年7月、転機が訪れます。練習態度をめぐり、監督と部員の意見がぶつかったのです。

「練習の姿勢がよくない。おまえたちは練習しなくていい」という監督の言葉に、部員が反発。「いつも監督は決め付ける」「それではやる気がなくなる」などの意見が飛び出し、話し合いが続きました。

「一方的な姿勢ではいけない。お互い理解し合わなくては」。監督はそう痛感し、これまでのやり方の転換を決意します。

それ以後は、目標設定から時々の重点、日々の練習内容まで監督と部員が話し合いながら運営しています。

朝に監督とキャプテンが打ち合わせし、昼休みにはそれをもとに、弁当を食べながら部員同士で議論します。

「もとの練習メニューは基本的に僕らが考えます。何が足りないか、どうしたらよりよい練習になるか。みんなにも意見を求めます。とてもやりがいがあります」。キャプテンは目を輝かせます。

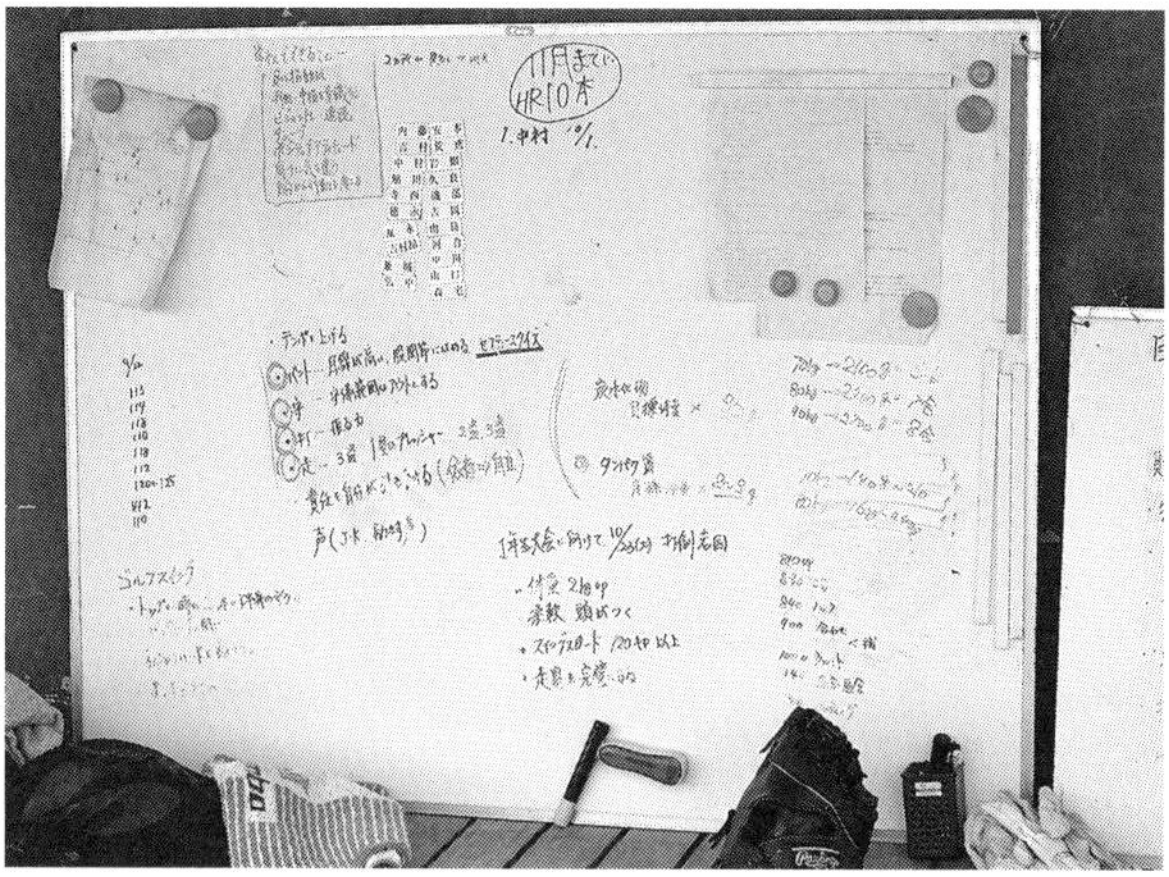

ベンチの中のホワイトボードには課題がさまざま書き込まれている

他の部員も係活動を通じ、チーム運営に参加します。「学校生活・学習係」のほか、「体重係」などユニークなものもあります。前者は部員の希望を募り、苦手科目の先生に頼んで勉強会を企画。後者はチームの課題でもある、野球に必要な体づくりの提案をします。

「甲子園を目指した活動を通して、社会で活躍する人間に成長することが大事。勉強もしっかりやり、民主的な関係を大事にした人になってもらいたい」。監督は話します。

■「認めてほしい」

部員の姿勢も変わってきました。監督に提出する「野球ノート」の質問も増え、ある部員からはこんな要望が出ました。

「チームで取り組んでいるスイングが合いません。自分のやり方を認めてほしい」

話し合いの末、「11月までの練習試合で本塁打を打ったら認めよう」と監督が提案。すると1週間後に本塁打を打ち、その後も好調で申し出は認められました。

「自分のやり方を認めてもらってうれしかった。いまはもっと頑張ろうという気持ちです」。その部員はいきいきと話します。

「生徒の納得感がない練習では、自主性も人間性も育たない。それは指導者の自己満足でしかなかった」。監督はしみじみと語ります。

話し合い路線が、監督と選手を着実に成長させています。

第2部　教師も子どもも休めない……

1　自分の独占物のように

「顧問の自分に一目おかせたいという感じで、子どもたちを指導していたかもしれない。危うかった……」。東京都内に住む30代の中学校教員は、子育て真っ最中のいま、部活動とのかかわり方を見つめ直しています。

体育大学出身で、部活の指導にあこがれていました。部活でのいい思い出がたくさんあるので、子どもたちに経験させてあげたかったんです。採用面接のとき「部活をもてますか?」と聞かれ、「ぜひ、やりたいと思う」と答えました。初任の時から顧問をしています。

今はテニス部の副顧問で、できるだけ応援にはいくようにしています。活躍する姿や結果を見ないと、子どものがんばりがわからなくてモヤモヤするので。子育て中で一線から退くつもりが、退ききれない自分がいます。

■のめりこんで

部そのものが、なんだか自分の独占物のようになってしまっていました。子どもたちはやりたくて入っているので基本的に逃げませんし、プライドもある。それを逆手にとって苦しいときに考えさせたり、ミーティングを多くしたりしてきました。辞めたいという子がいたら、みんなで話し合いました。

でも、いま考えると危うかったですね。

教えれば子どもたちは強くなります。テニスはほとんどが初心者です。でも、体力の低い子や不器用な子も、工夫して教えこんでいくと、かなり高い運動能力がつきます。親の間でも「子どもがタフになるよ」とうわさが広がり、部員も増える。だから余計のめりこんでいくんですね。

部活動の顧問の配置は
どのようにしていますか？（中学校）

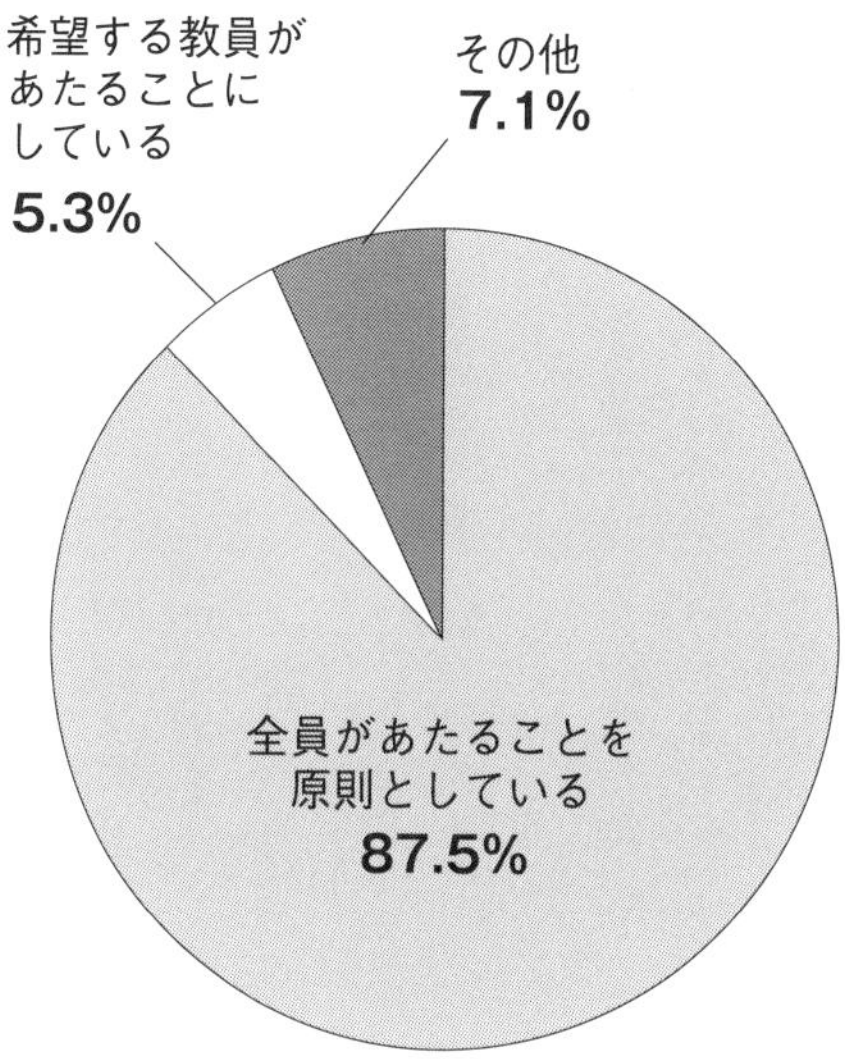

「2016年度全国体力・運動能力、運動習慣等調査」（スポーツ庁）から

人数が多いと、試合に出すか出さないかも難しい。50人いても最後となる引退試合に出られるのは10人程度。審判させたり、ライン引きさせたりと、どうにか活躍させたいんですが、疲れ果てちゃって。子どもたちがかわいく思えなくなっていました。

保護者には見えないところでの大変さもたくさんあります。

選手決めだけでなく、練習試合や大会の申し込み、エクセルを使った会計管理などなど。その時間の取られ方が半端ないんです。登録ミスをした時などは、涙なみだで。若かったから先輩の教員にも頼めず、ダブルチェック機能が働きませんでした。

■子どもと対峙

子どもとの間にも緊張感があって、対峙していたかもしれません。つっぱらないと女子の集団に太刀打ちできないという怖さがあって、一人ひとりに思いをはせる余裕がなくなっていました。遊びに来てくれる卒業生も「あのころ怖かった」と。

妊婦になり、思うように指導ができなくなって初めて、子どもたちに優しくなれたような気がします。

２　１００時間超える超過勤務

「『また部活なの。私の優先順位は一番低いのよね』。そう妻から言われると返す言葉もありません」

教員になって4年目のAさんは、長野県内の中学校のバスケットボール部顧問です。休日も部活動に奔走し、家庭で過ごす時間はなかなかとれません。

顧問の一日は朝練習から始まります。学校で7時半から30分間、部員の様子を見守ります。授業を終えてからは、午後4時半から2時間ほど練習があります。土、日も休みではありません。とくに大会前は朝から夕方まで練習試合が続きます。

「教師1年目は体がきつかった。練習中にもうだめだと思うときもあった」

■過労死ライン

平日は部活が終わってから職員室に戻り、授業準備に追われます。昨春まで勤務していた前任校では夜9時、10時まで続きやっと帰宅。同僚の先生方も同様の状況でした。

「月の超過勤務は１５０時間を超え、２００時間近いときもありました」。過労死ラインといわれる80時間を大きく超える実態。Aさんも一時、体重が８キロ落ちました。

現在の中学校では県の指導があり、週1日の休養日を確保。土日に活動した際は、もう1日休みを設けることになりました。Aさんの退校時間も午後7時になりましたが、それでも超過勤務は月100時間を超えています。

長野県教職員組合青年部のアンケートでは、中学校の超過勤務は月平均104時間。大きな要因は「部活」です。うち「生活や授業に支障が出ている」とした人は3割に上ります。「『縮小したいことの一番は何か』の問いでも部活が最も多い。先生の負担が大きいことがわかります」。長野県教組の宮田弘則法制部長は語ります。

それでもAさんは、「部活の時間はなかなか削れない。子どもたちに充実感を持ってもらいたいし、いい成績を残すには減らすことには勇気がいる」。その胸の内を吐露します。

一方「このままでいいのか」という思いも頭をもたげます。適切な指導か。子どもたちはどう思っているか……。

「練習時間や内容など、もっと科学的な裏付けが必要と思うときもあります」。しかし、それを本格的に勉強する機会もありません。

■家庭が犠牲に

「やりすぎといわれればそうかもしれない。自分の感覚がまひしているのかなぁ」。そうポツリと漏らしました。

〝部活未亡人〟などという言葉があるほど、教員の夫が部活に駆け回り、家庭が犠牲となる現実があります。

「将来、このペースでやっていたらどうなるのだろう。自分の体のこともあるけど、妻に愛想をつかされないかが心配です」

3　2割が「休養日なし」

▽中学校で週2日以上の休養日を設定▽土日に実施する場合でも3～4時間程度以内で練習を終えることとする――。今から20年前、文部科学省がまだ文部省だったころ、運動部活動の行き過ぎに対して、すでにこんな提案をしていました。

■20年前に提案

1997年の調査研究報告です。こうした「運動部における休養日等の設定例」の下には、次のような文言がありました。

「活動日数等が多ければ多いほど積極的に部活動が行われているとの考えも一部に見られたが、今後、各学校、各運動部において、適切に休養日等が確保されることを期待したい」

しかし、20年たった今でも実態はまったく変わっていないことが、17年1月にスポーツ庁が発表した調査でわかりました。

同調査は、全国の中学校を対象に実施。その2割では、学校の決まりとして、いまだに部活動の休養日が設定されていません。

休養日は週1日が54・2％と最多で、週2日が14・1％。生徒や教員にとって負担が多いといわれる土日については、42・6%が「休養日の設定なし」、次いで「月4回以上」が28%です。

文科省は18年度をめどに、部活動にかんするガイドラインづくり（巻末・資料1）をすすめています。週1日の休養日の設定を呼びかけ、外部指導者の積極的な導入も視野に入れています。

■〝外部〟も活用

調査では、外部人材の活用についても質問。15年度は73・8%で活用し、16年度は74%で活用（予定も含む）と回答しました。

顧問については、「全員が当たることが原則」が87・5%と圧倒的多数でした。

男子生徒の78・2%、女子生徒の57・7%が運動部に所属しています。地域のスポーツクラブへの所属は、男子16・2%、女子9・4%でした。

学校の決まりとして部活動で週に何日程度の休養日を設けていますか？（中学校）

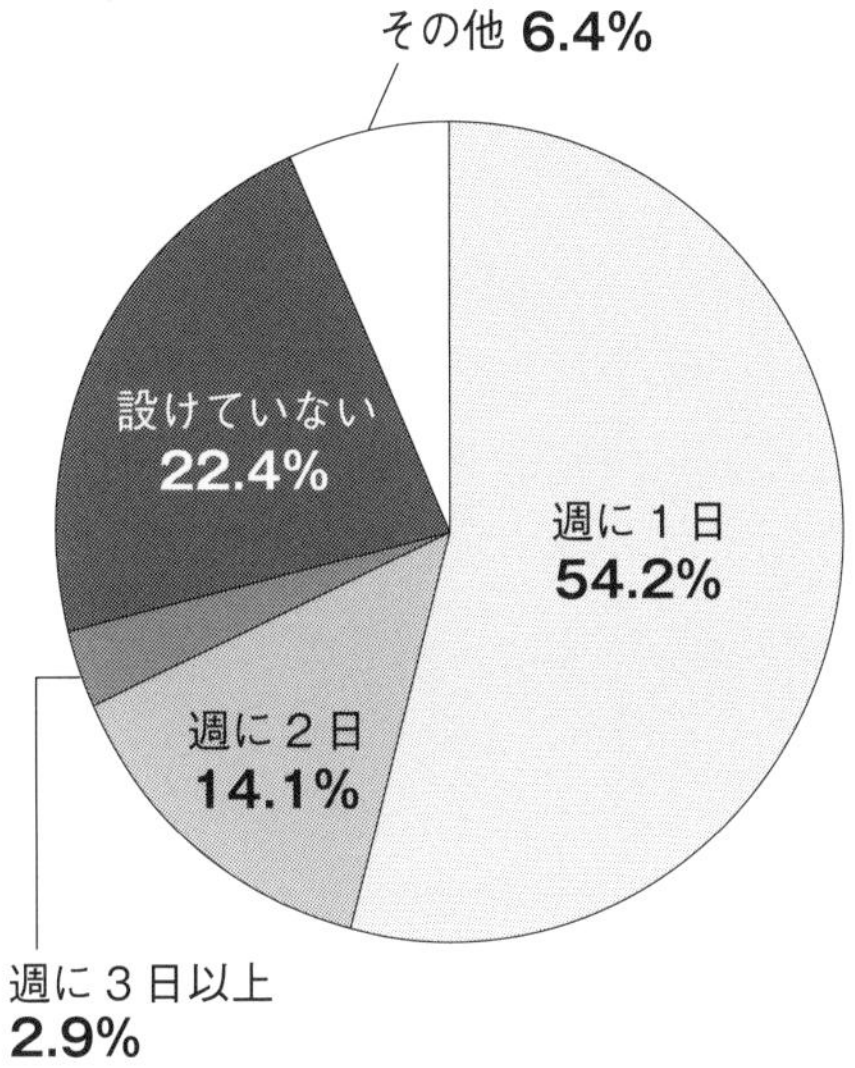

「2016年度全国体力・運動能力、運動習慣等調査」（スポーツ庁）から

運動部活動での指導内容や指導方法の充実のためのとりくみは？（中学校・複数回答）

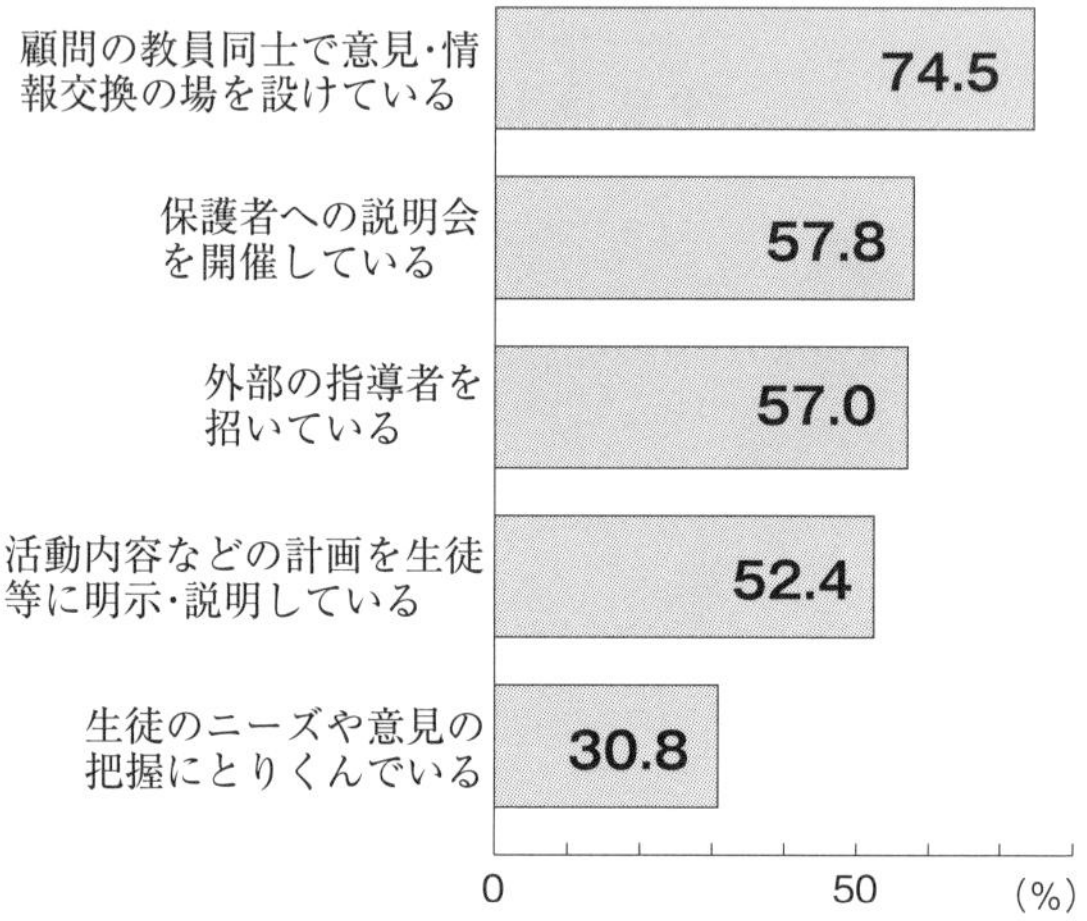

「2016年度全国体力・運動能力、運動習慣等調査」（スポーツ庁）から

しかし、文化部に所属する子どもや「運動部やスポーツクラブに所属していない」と答えた子どもたちも、スポーツをしたくないわけではありません。「どのような条件があれば運動部に参加したいと思いますか」（複数回答）との問いには、「好きな、興味のある種目を行うことができる」「自分のペースで行うことができる」「友達と楽しめる」「練習日数、時間がちょうどよいくらい」が上位を占めています。

運動部活動での指導内容や、指導方法を充実させるための学校の取り組みは、「顧問の教員同士で意見・情報交換の場を設けている」（74・5％）、「保護者への説明会を開催している」（57・8％）、「外部の指導者を招いている」（57％）の順に。「生徒のニーズや意見の把握に取り組んでいる」は3割にすぎませんでした。

4「ゴメンね」今も夢に

思い返せば後悔しかありません。私の体験を少しお話しさせてください――。シリーズ「部活って何」を読んだ、川崎市の女性のメールから紹介します。

学校で特に厳しい女子バレーボール部に入部し、3年で引退するまで続けました。ボールをぶつけられる、ひっぱたかれる、怒鳴りつけられるのは当たり前。猛暑の日に外で練習することもしばしばでした。

■怒鳴られ萎縮

「何でそこでとれないんだ！」「おまえができないから足引っ張ってんだ！」などは普通でした。発奮できる人はいいのですが、私は萎縮してしまい、プレーでミスを繰り返すという悪循環に陥りました。ミスをしたら怒鳴られる、ボールが飛んでくるとわかっているのに、なぜのびのびとプレーできるでしょうか。

「私たちができると思っているからこそ、顧問は生徒に厳しく接する」「精神的に強くなれる」。当時、先輩から受けた説明でした。疑問に思いましたが、とても口に出せる雰囲気ではなく受け入れるしかありませんでした。

けがを繰り返し、練習を休んだり、一部見学させてもらうことがありました。しかし、同学年の部員からさぼっていると疎まれ、名指しはしないものの、明らかに私だと分かるように「さぼってる人間がいる」と言われたりしました。私がミスを繰り返すことも彼らのかんに障ったのでしょう。重いものを運ばなかった、ボールを拾わなかったなど、ことあるごとに部員から文句を言われたり、意地悪をされたり。

こんな嫌がらせが横行したのも、体罰や怒号があった環境と無関係ではない、と今は思うようになりました。

■やめられない

部活をやめたいと願い出たこともありました。でも、顧問に止められたり、内申書の関係もあって中途退部をよしとしない雰囲気があったりしました。そして私自身〝洗脳状態〟に陥って「ここでやめたら逃げたと同じ」と強く思い、結局やめられませんでした。

最終学年ではけがに加え、原因不明の体調不良で休んだこともありました。部活でうつ病を発症した生徒の記事を読み、ハッとしました。あの時もっと自分を大切にして守ってやればよかったと、思います。

30代になった今でも夢に見ます。部員たちに責められ、「ゴメンね、ゴメンね」と謝罪を繰り返す姿を夢で見て、目が覚めることがあります。当時の部員とは連絡をとっていませんし、今後とるつもりもありません。私自身の決断です。でも、部活が人と人との分断を促進したり、精神的苦痛を経験する人を多く生み出すような場になっていることがあるとすれば、まるで意義がないと思います。

5 「睡眠が至福」の毎日

「なぜここまでしなければいけないのか、という気持ちが募るばかりで。自分の時間などなく、『睡眠が一番の至福の時』という毎日でした」

シリーズを読んだ近畿地方の高校教員は、こう振り返ります。

学生時代に野球をやったと口をすべらせたことがきっかけで、ソフトボール部の顧問にさせられました。同時に、競技経験のない他の教員も、なんらかの運動部の顧問を担当させられました。

■部つぶしたい

教材研究は家に帰ってから。部をつぶしてしまいたいと思ったこともありましたが、主任がつくった部を勝手になくすわけにはいきません。最終的には学校の宣伝になるような部員を育てるために、頼りになるコーチに指導をゆだねた、といいます。

地区大会で常時5チームまで残るほどに、実力をつけていくチーム。「そこまでは楽しかったんですが……」。練習試合の引率で土日はありません。大会の引率、打ち合わせ、審判、そして監督と〝雪隠詰《せっちんづ》め〟になってしまいました。

それぞれが動かなければ、現場は回らないことはわかっていますが、「若手に偏りすぎるのは問題です」。

顧問不足は深刻です。期間を限って任用される臨時的任用教員も駆り出され、苦しんでいます。

愛知県に住む30代の中学校教員は「臨時教員は体を壊しても休職することなどできず、今後の採用にも差し支えるんです。全力で部活なんてできない」と訴えます。


日本体育協会公認のスポーツ指導者資格を取得したいですか？（中学校）

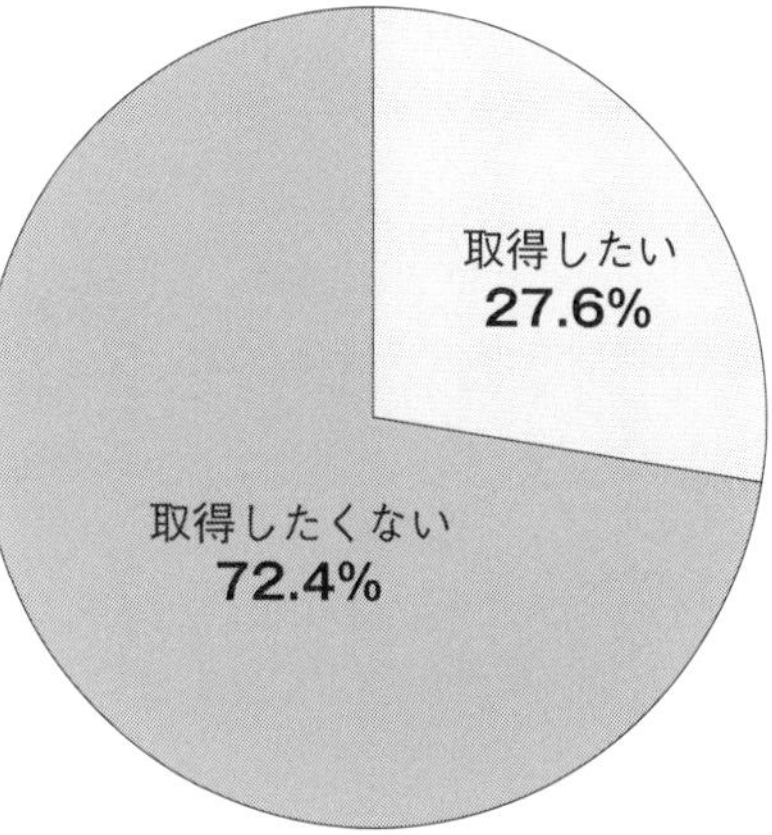

「学校運動部活動指導者の実態に関する調査報告書」（2014年日本体育協会）から

以前、体を壊した時はその期間働けず、貯金が吹っ飛びました。「〝部活大好き人間〟の中には、39度や40度の熱があっても学校に来てしまう人がいます。『あなたは大丈夫かもしれないけど、ほかの人は大丈夫じゃないよ』って思っちゃいますよね」

千葉県在住の47歳の女性。中学時代はバスケットボール部のキャプテンを任されます。「休みなしは当たり前。帰宅部なんてだらしない、みたいな感覚」でした。

スポーツが大好き。勝てばうれしいし、もっと試合に出たいと必死に練習しました。が、レギュラーでない人がどんな気持ちで練習していたかまでは、思い至りませんでした。

■生徒締め付け

全国大会に行くような強豪の陸上競技部では、顧問が生徒をたたいていました。「でも、当時はそれが当たり前なのかもしれないと思っていた」と。学校全体が生徒を締め付けていたからです。

男子は丸刈り、女子も前髪は眉より上でなければダメ。ふだんの学校生活でも体育館までの移動中は私語禁止。「学校の中で部活だけが強圧的だ、ということはないのかもしれません」

第3部　分かり合えたら

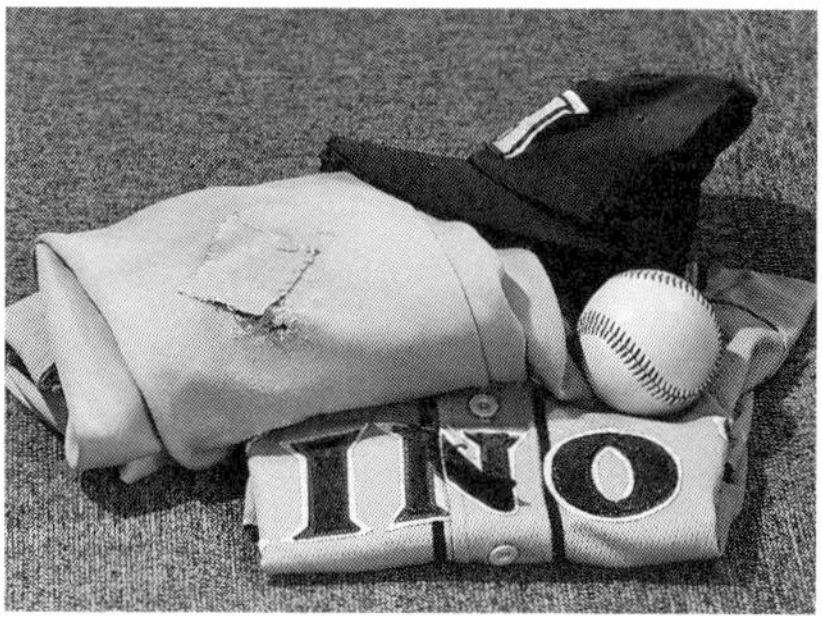

1　子どもが「死にたい」と

栃木県那須町で県立大田原高校の生徒ら8人が死亡した雪崩事故が起こりました。部活の在り方が、いままた大きく問われています。部活って何？　保護者はどうかかわったらいいの？　東京都内で語り合いました。（カッコ内は子どもが所属する部）

Ａ（野球部）　ニュースで運動部顧問の暴言や体罰が報道されることがあるけど、ひとごとでないと感じます。うちの子は反抗的だと顧問に目をつけられているみたいで、「頭おかしい」など人格を否定するような暴言を吐かれたり、態度が悪いといって練習場所から締め出されたり。「学校に行きたくない」「死にたい」とまで口にしたときには、ぞっとしました。

■生徒指導にも

Ｂ（サッカー部）　それはひどい……。うちはそこまでではないけれど、部活と生徒指導が一体化している風潮はどうなのかな、と疑問に感じています。夏休みの初日に「通知表を持ってこい」と顧問に言われ、成績に配慮してくれるのかと思ったら、「1」が一つごとに10周、「2」が一つごとに5周、グラウンドを走らされたと聞いてびっくり。「何の意味があるの？」って。競技自体は二の次で「中学生たるもの」を教え込む場になっている気がします。

C（私立中野球部） それって変だよね。うちも、教員がワンマンで口も悪い。明らかな暴力はないけれど、炎天下に走らせて救急車を2回呼びました。副顧問もいるけど名前ばかりで……。保護者の間では「先生の負担軽減のためにも、親がお金を出しあって外部コーチを頼もうか」という話も出たけど、学校は「その必要はない」と。

A 顧問が複数いても連携がうまくいってないことも。1人が「あと5分しかないから片付けろ」と言うから片付け始めると、もう1人が「何だおまえら、あと5分あるのに」と怒るんです。保護者同士の関係も結構難しい。「部活は教員にお任せするもの」とか、「今耐えたら、社会に出たとき役に立つ」と感じる人もいたりして。

■なり手いない

D（吹奏楽部） うちは、顧問のなり手がいなくて廃部の危機に直面しました。吹奏楽部は音楽専科の教員が顧問になることがほとんどですが、練習時間がかなり必要な部活なので、先生の生活のことを考えると「ぜひお願いします」とは頼みづらい。せっかく引き受けてくれた顧問がいても、保護者の要求が強すぎて休職してしまった例も過去にはあって。そうなったら、とてもすまない気持ちになりますよね。今は学校の許可を得て、外部講師に指導をお願いし、保護者が運営庶務を行って、活動をつないでいる状況です。

E（剣道部）　うちの子どもの部活はやたらとゆるくて（笑い）。みなさんの話をきいて、びっくりです。

2　親から見ても疑問多く

E（剣道部）　自分は学生時代、アメフトをやってました。練習はハードだったけど安全管理は厳重。練習時間もがっちり決まっていて、根性でやるようなことはなかった。指導者として専門的なトレーニングを受けてない人が運動部を指導するってどうなんだろ？

■「無免許状態」

A（野球部）　以前読んだ記事に「部活の中に『無免許運転状態』がある」という指摘があり、なるほどなと。教員になるための勉強はしているけれど、部活指導のための勉強はしてないんですよね。

E　成績が悪いとやたら走らされたというのは、生活指導上おかしいだけじゃなくて、故障とかも心配。いくら運動部でも、やたらめったら走る必要はないんじゃないかな。

A　昨年まで週1休みだったのに、今年度は休みなし。長男の時は、雨が降ると練習は中止でしたが、今の顧問は雨の時も体育館が空いてたらトレーニングをしろと。次男は、朝読書に必要な本を買いに行く時間もないし、塾にも行けません。

F（ソフトテニス部）　部活は週3日で、週によってもう1日増えるぐらい。コートが2面だけ

学校のきまりとして部活動で土日に休養日を設けていますか？（中学校）

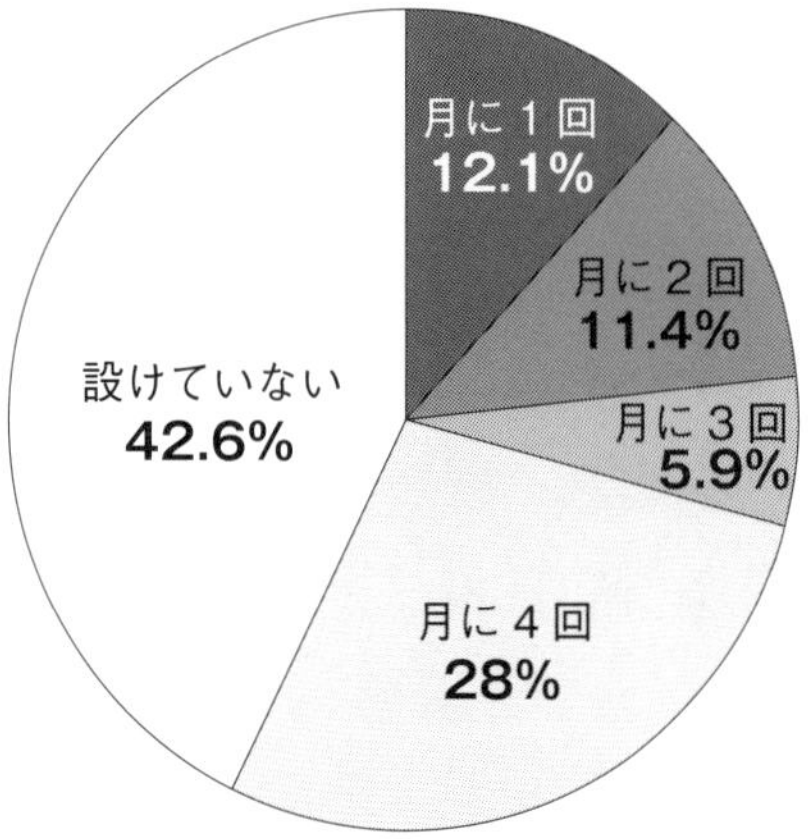

「2016年度全国体力・運動能力、運動習慣等調査」（スポーツ庁）から

で、硬式テニス部もあるから場所の制約も。部員が少なく、実は廃部が決まっています。残念で「保護者が何とかしなきゃ」と思ったけど、今は「最後の今を楽しもうかな」と。土曜日にお手伝いとして顔を出し、おじさんも中にまぜてもらっています。（笑い）

G（元バスケットボール部）アメリカで子育てをしたのですが、向こうでは土日は家族で過ごすのが当然でした。息子が中学生の時に日本に帰ってきてびっくり。朝練はあるし、土日も部活でつぶれ、夏休みもほとんどない。息子の英検とバスケの試合が重なったときがありました。英検に行かせ、終わって駆け付けたら試合に負けていて、顧問に責められた。「英検なんかいつでも受けられる。バスケの方が大事だろう」って。

■掛け持ちOK

D（吹奏楽部）部活至上主義ですね。社会全体が休みにくい雰囲気だし、「一つのことをやり

通せ」みたいなしばりがきつい気がします。うちの部も最初は「他の習い事は避けてください」と言っていましたが、部員が集まらなくなり「掛け持ちもいいよ」と。やりたいこともやって生き生き過ごせる子どもが何人も出てきて、「認めさせてよかったね」となりました。

Ａ　私も、一つの部活をひたすらやり続けることだけに価値があるのか、疑問です。子どもにも、いろんな顔を持たせてあげられたらいいなと、この頃思います。何かに夢中になるのが部活の良さなのに、ブラックな部活ですり切れてしまい、「何もやりたくない」となってしまったら本末転倒ですから。

3　〝異常な忙しさ〟抱えて

部活動と教職員とのかかわり方は、実はさまざまです。「部活にどっぷりだった」「流れにのみ込まれかかっている」「うまくバランスをとりながら」。「休めない……」編に登場した30代教員と、２人の50代教員が語り合いました。

Ａ（50代男性教員）　今はバレーボール部の顧問。それまでも経験ゼロの競技の顧問でした。専門的なことをやれない中で、工夫して進めてきました。大会前以外は、土曜か日曜を休みにしています。あまり強い部ではないので、そういう感じでできるのかもしれません。

■のめり込んで

Ｂ（50代男性教員）　私のやりがいは、部活を通して子どもが成長することです。別に強くならなくてもいいんです。うまい子もいればそうでない子もいる。いろいろな子どもが集まって、「野球って楽しいなあ」とか「この仲間とやれて幸せだった」とか思ってくれることが活力になりますね。

Ｃ（30代女性教員）　軟式テニス部副顧問です。自分は硬式でしたがテニスの経験者なので、専門の種目でよかったです。部活にどっぷりのめりこんでいました。自分の子どもがまだ小さいけれど、今もできるだけ応援は行くようにしています。

A　最近は勝利を求める親も多くて、休みを取るのが難しくなってきています。こちらから休みにするとは言いにくい。同僚の教員に「文部科学省のガイドラインで、やっと週1日休みになるんですね」と言われました。

B　子どもが小さかったときは、土日の片方を休みにして、わが子の遊び相手ができるようにしていました。雨が降ると部活が休みになったので、それも家族に喜ばれました。

C　あまりにやりすぎると、生徒も一緒に暴走しちゃうこともありますね。試合前の土曜は練習をなしにしようかなと思って、「休みにしようかな」と言ったら、子どもに嫌がられました。

■審判も大変で

A　やっぱり顧問って大変なんですよね。試合で必ず審判をやらなければならなくて、それが本当に嫌だという声が多くて。ライセンスまで取ってしまうともっと忙しくなるので、自分は取っていません。

C　親はグラウンドでの顧問の姿しか見えないから、仕方ないかもしれませんが、それ以外の実務もすごく大変で、神経をすり減らします。

B　わが子を練習場所に連れて行って端っこで遊ばせておくこともありました。それでも保護者に大変さを理解してもらえないことがありました。

Ａ　ただ、部活だけをなんとかしても今の異常な忙しさは解決しないと思うんです。学校ってどういうところであるべきなのか、から出発して、じゃあ部活ってどうあるべき？　と考えていかないといけないかなと。

4　子どもたちの居場所

B（50代男性教員）　部活を生徒指導に利用すると、一つのブレーキになるという面はありますけれど、それを都合よく利用されちゃうこともあって。遅刻指導は本来顧問が中心になって指導するものではないのに、その子に問題があると、まるで顧問が悪いかのように責任を負わされてしまう。

C（30代女性教員）　ただ、他の部に対してそう思っちゃう自分もいる。「ちゃんと目をかけてあげているの？」とか。そういう顧問に批判的になっちゃう。

■「本末転倒」へ

A（50代男性教員）　でも、部活一辺倒になると本末転倒になってしまって、部活の時間を確保するために「委員会に入るな」と生徒にいったり。

C　そう。顧問の中で部活が一番大事なものになってしまって、「体調悪いんなら授業を休んで」みたいなことを言っちゃったりしたことがあります。

A　教師ではなくて、コーチになっちゃうのかもしれませんね。

B　試合に出してあげられないことも多くて、どの子にも活躍の場を与えるというのは難しく

生徒のニーズに応じて、複数の運動部に所属できるようになっていますか？
（中学校）

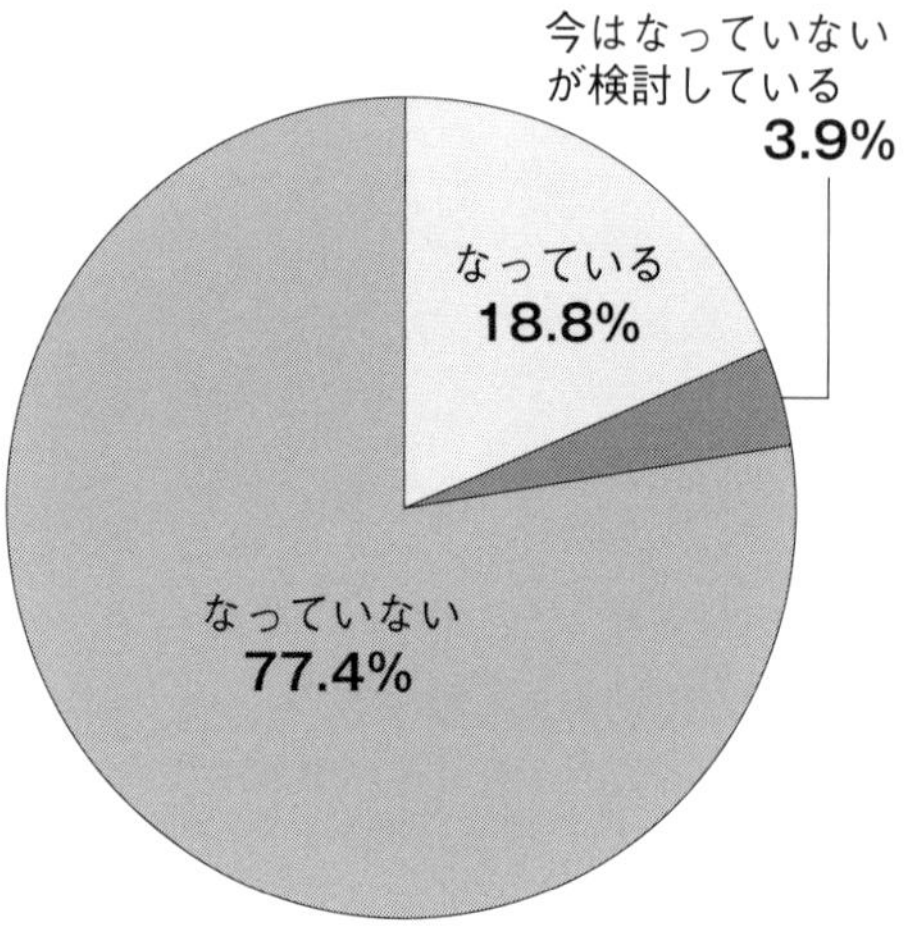

「2016年度全国体力・運動能力、運動習慣等調査」（スポーツ庁）から

なる。練習試合などでできるだけ出してあげるよう、工夫していました。

C　部活には生活指導みたいな面もあるから、その点では緊張感をもってやってましたね。部員が学級委員長とか合唱コンクールの実行委員とかになったり、ポジティブなうわさが入ったりすると、うれしいんですよ。

A　確かに、やればやるほど結果ははっきりするけれど、笑顔がなくなっていくと思うんです。強豪チームと試合をした時、相手チームはヒットを打たれただけで子どもがものすごく怒られていた。うちのチームは、塁に出ただけですごくほめたら、親から「生き生きした子どもの姿を久しぶりに見た」と喜ばれました。

■視点はどこに

B　親の立場で息子の野球の試合を見に行ってみたら、どんなに下手でも、がんばっている姿を見られるのがすごくうれしくて。だから、私の部では土日に少しでもいいから親に見に来てもらっています。そして私からも「勉強がんばってますよ」とか声をかけたりして、保護者と積極的に話すように心がけています。

Ａ　普段は家事を任されてしまっているから、土日も部活をやってほしいという子どもや、部活をやらないと一体どこで生活するのかという子どももいます。どこに視点を置くかが難しいです。

Ｂ　部活がなかったら学校に来る意味がなくなっちゃうというくらい部活が好きな子もいますね。

Ｃ　居場所がないという子どももいるから、つい所属させたいなと思ってしまう。地域にそういう場所があればいいなと思います。

5　若い教員の願いは

「新規採用者や異動した教職員が管理職からまず聞かれるのが、部活動で何を担当できるかということ。経験がない人も子育てなどの事情を抱える教職員も、例外ではありません」

こう話すのは全日本教職員組合（全教）で青年部事務局長を務める阿部のぞみさんです。

青年部のアンケート（14年）では、73％が土日のいずれかに仕事をしています。土日とも仕事をしている人は29％。84％は、最低でも土日のいずれかは休みにしてほしいと回答しています。

17年春闘に向けた要求・意識アンケートでは、中学校で部活動顧問を負担だと「強く感じる」「やや感じる」人が85・7％。女性では負担だと「強く感じる」人が55・8％でした。

■多忙生む背景

全教の「勤務実態調査２０１２」によると、中学校では、部活動の顧問とそうでない人とで、時間外勤務時間は月40時間近く差があります。原因は土日の勤務にあります。

しかし、「部活動が負担」と感じる背景には部活動にとどまらない問題があります。米田雅幸副委員長はいいます。「全国学力テストなどで競争に駆り立て、学力テストで過去に出題された問題を子どもや学校・教員に押しつけることや、人事評価を使った教職員への管理強化も多忙を生む背景です。教員の数を増やし、ゆとりを持って教育にとりくめるようにすることが求められます」

阿部さんは「部活動は、子どもの豊かな成長・発達を保障するという視点からとらえることが必要です。そのためにも組合としてＰＴＡや教育委員会や中学校や高校の体育連盟などさまざまな団体と話し合いを進め、子どもの自主性を大事に、地域の理解を得ながら楽しく活動できたらいい」と話します。

部活動ガイドラインへ教職員の意見を反映するよう要請する米田さん（左）ら＝17年２月16日、文科省

■楽しむ環境を

松野文部科学相（当時）は17年1月6日の記者会見で「教員の働き方を改革」することや「部活動の適正化を推進」するとのべました。全教は２月16日に文科省に対して▽土日のうち最低１日を休みにするなど、生徒が真に休養できる時間や日を保障する▽全教を含む教職員組合との真摯《しんし》な意見、現場の声を反映する機会、しくみをつくる――ことを要請しました。

米田さんはいいます。「勤務時間が午前８時半から午後5時までの場合でも、生徒の最終下校時刻が午後6時という学校もあります。文科省は部活動を学校教育の一環と主張しますが、経済的な負担軽減や事故の際の補償等の条件整備には、極めて消極的です」

放課後や休日などの子どもの居場所がなく、そのことを部活動に求める保護者や地域の要求があることも事実です。「発達途上にある子どもがスポーツや文化を楽しむ環境を地域がどう保障していくか、という議論も必要だと思います」（阿部さん）

6　負担軽減への挑戦

「平日　5日間のうち1日以上の休養日を設ける」
「休日　土曜日・日曜日のいずれかを休養日とする」

16年6月に岐阜県教育委員会が出した「岐阜県中学校運動部活動指針」です。少子化や生徒のニーズの多様化、指導者不足、教員の多忙化など、中学校の運動部活動の課題を議論し、まとめられたものです。

時間外勤務の実態（岐阜県）

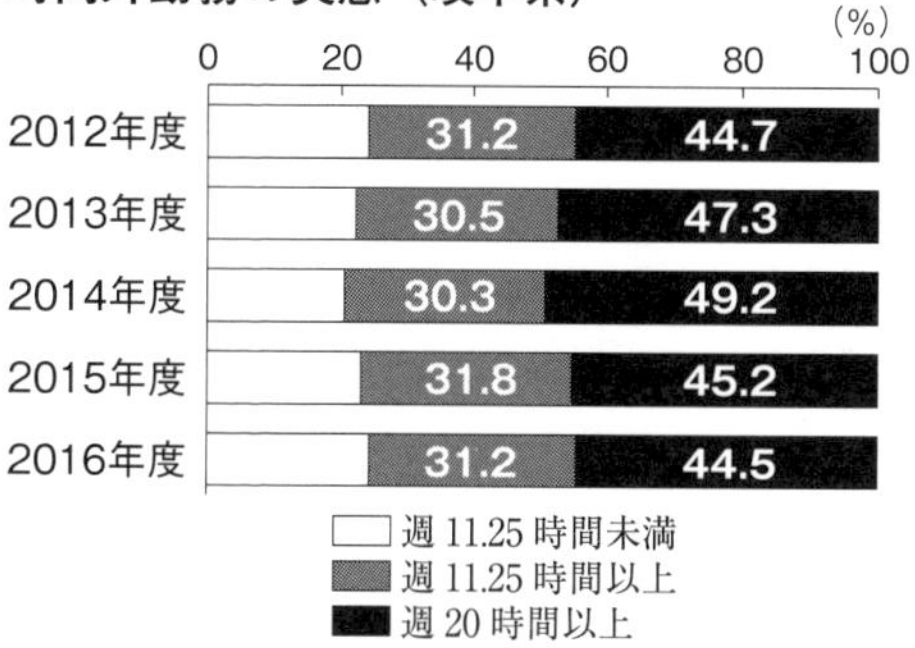

■週2日休みに

「複数顧問体制による運営が可能となる部数を設置」「顧問となる教員の休養日　休日のどちらか1日を含め、1週間のうち2日間は必ず休養日を設ける」などを明記。岐阜県教職員組合（岐阜教組）特別執行委員の石榑《いしぐれ》亨造さん（60）は「全国的にも注目される内容です。学校現場や保護者、地域などへの周知と確実な実行が課題」と話します。

揖斐《いび》郡教職員組合、岐阜教組、高山市教職員組合、飛騨市教

職員組合、養老郡教職員組合で構成する岐阜県教職員組合連絡会議は、毎年「勤務実態調査」を行ってきました。16年度調査での時間外勤務は、週11・25時間以上（厚生労働省による「健康破壊ライン越え」）が75・7％、うち週20時間以上（「過労死ライン超え」）は44・5％と深刻な実態です。（グラフ参照）

石榑さんは「岐阜教組では、教職員の長時間勤務解消を活動の大きな柱に掲げ、長年、運動をすすめてきました。大きな要求の一つが『部活動の見直し』でした。今回の『部活動指針』は粘り強く運動、交渉してきた結果です」と話します。

「2016岐阜県内自治体キャラバン」結果の記者会見で、部活動の改善などを話した石榑さん（右）＝17年3月6日、岐阜県庁記者クラブ

部活動の保護者会で校長が「部活動指針」を説明した県内のある中学校では……。運動部の顧問は「8、9回ある土日の半分と、平日1日を休みにできた。少しずつ、改善されている。県・

地区・市レベルの大会が３カ月に２回くらいあるが、もっと精選すべきではないか」と語ります。「受験競争、貧困と格差が広がるなかでの人間関係に疲れ果てながら、生徒たちは部活動にも懸命に取り組んでいます。少しでも負担を軽減できたら……」

■一緒に考える

岐阜市内でも校長が「部活動指針」を周知するなど変化が起こっています。運動部のベテラン顧問は「部活動はエネルギー発散、人間形成の大事な場。しかし、ここ10年くらいエスカレートしてきた。教員の複数配置や休養日のあり方など保護者も含めて考えていくべきです」と話します。

石榑さんは16年秋、労働団体「岐阜県春闘共闘会議」が行う「自治体キャラバン」に参加し、県内42市町村を訪問。多くの自治体で、部活動の休養日などに基準設定がないことが分かり、「部活動指針」の周知・徹底を要望しました。「部活動をめぐる課題解決に向け、生徒・保護者や教職員、地域住民などが一緒になって考えるとともに、県教委や市町村教委による強力な推進を望みます」と話します。

第4部　ここから始めよう——専門家の提言

スポーツ庁に検討会議（座長・早稲田大学友添秀則教授）が設置され、運動部活動のあり方にかんする総合的なガイドラインづくりが始まっています。第４部「ここから始めよう」では、部活やスポーツにかかわる人々の提案を紹介します。

1　何よりも子の命を守る
――日本体育大学スポーツ文化学部武道教育学科准教授　南部さおりさん

日体大には、教員志望の学生が多くいます。学校現場に行った途端、日体大出身というだけで「勝たせる顧問」として当然のように結果を出すことが求められ、生徒指導では「しめる」ことを期待されてしまうことが多いんです。本人の思いをよそに、最初から大きなプレッシャーを背負ってしまう。その意味では、とてもかわいそうな立場に置かれています。

同時に学生は、「学校は子どもの命を預かるところだ」という意識に乏しく、責任感が希薄なまま現場に出てしまうことが多い。そこで２０１６年度、３回にわたり事故や事件で子どもを亡くした遺族の話を聞く研修会をしました。17年度も実施します。

■1人だけでも

学校の中では、組織の論理が優先されてしまう場面が多々あるかもしれません。自分一人の力ではどうしようもない場合もあるでしょう。でも、「何よりも子どもの命を守る」と決意をもち、人間として子どもとどう向き合うべきかと考えながら誠実に対応する教員が増えていけば、何かが変わるはずです。

学校での事故や事件で大切な子どもを失った遺族の話を聞くと、校長の対応が悪い場合が多く、「学校は最悪だ」といいます。それでも1人でも2人でも向き合ってくれる教員がいるだけで救われるといいます。そんな存在を増やしていきたいのです。

南部さおりさん

スポーツ活動の理想は、仲間とともに思い切り楽しみ、その競技の愛好家として生涯続けることです。ところが部活では、走り込みの意味がわからないまま、ヘロヘロになるまで走らせるなどということが結構あります。嫌気がさし、卒業したらもうこの競技はやらないなどというのは、もったいないことです。

■安全に楽しく

他方、安全に楽しくスポーツを教えることができる人を

学生向けに日体大で行われた研修会＝16年11月

育てても、生かせる場所は限られています。教員になれる学生はごく一部で、そのほかの指導者の道も狭く、多くは民間企業に就職しています。しっかり予算を付けたうえで、部活動の外部指導員として携われればと考えています。

指導者の「国家資格」などの案も出ているようですが、制度を拙速につくるべきではないと思います。国家資格ともなれば、周りからはとても重い責任があるものと見られます。事故が起きた時の責任体制はどうするのかをはじめ議論を深めなければ、事故が起きても「不慮の事故だ」で済まされかねません。

すでに外部指導をしている人たちに対しても、座学だけの研修ではなく参加型の研修などが必要です。こうした実効性のあるとりくみを広げなければ、非科学的な指導や暴力は、なかなかなくならないと痛感しています。

（なんぶ・さおり　専門は児童虐待、体罰、部活動の安全指導、学校事故。『児童虐待―親子という絆、親子という鎖』〈教育出版〉、冊子『部活動の安全指導―先生方に心がけて頂きたいこと』など）

２　子どもに自治の力を
――宮城教育大学教育学部保健体育講座准教授　神谷　拓さん

16年度から1、2年生を対象に、部活の指導や制度の歴史を学ぶ授業を始めました。学生らは自分の部活体験しかなく、対象化することができないまま、学校現場へと送り込まれます。部活をめぐる歴史をしっかりと学び、目の前で起こっていることの背景を知っておけば、心構えや対応が少しは変わるだろうと思うからです。

■学校機能の縮小

「部活動指導員の導入」をはじめ、部活をめぐる一連の動きを見るときに、気を付けなければいけないことがあります。それは、教員の数を増やさないまま、外部の人材をどんどん取り入れることで、学校本来の機能をできるだけ縮小させたい、という大きな流れがあることです。この流れを推し進めたい立場からすれば「部活はブラックだ」「学校から切り離してくれ」と騒いでもらった方が都合がいいのです。

しかも、外部指導者や部活動指導員の予算は増やされておらず、最終的には都道府県や市町村の財政でまかなうしかありません。諸外国での同様の制度では予算的な裏付けがあることをふまえると、あまりに脆弱《ぜいじゃく》な実施体制といえるでしょう。

　部活動指導員制度（巻末・資料2、3）の流れにのり、日本体育協会は指導者資格の創設をすすめ、「モデル・コア・カリキュラム」を作っています。ところが、教育学的な講義はまったく含まれておらず、学校の教育活動を指導する資格という面から見ると課題を抱えています。

神谷　拓さん

　17年3月に改訂された学習指導要領では「資質」や「能力」の向上が位置づけられています。これは決められた枠の中で、自分たちが役割を果たせ（適応せよ）というものです。しかし、子どもにとって大切なのは、自分たちで状況を変えていける「自治の力」をつけることであり、その意味で部活は大きなウエートを占めています。
　昨今の部活では、その目的の大半が競技力の向上になってしまっています。そうではなくて、部活を通して「自治の力」をつけていけば、卒業して社会人になってからも、自分たちで計画してスポーツを楽しむことや、社会と主体的に関わることもできるのです。

■教員の意思尊重

　子どもらに「自治の力」を養うことと、教員自身の自治を大切にすることとは、車の両輪です。教員の意思決定が尊重される環境でなければ、子どもに自治の意味や意義を教えることはできません。教員が目の前の課題を自分たちで解決できる環境を取り戻すことと、部活を自治集団活動へと変えていくことはワンセットなのです。

「クラブ」という言葉には「自治」という意味が含まれています。「学校にも部活にもクラブを取り戻そう」と呼びかけたいです。

〈かみや・たく　日本体育科教育学会理事。専門はスポーツ教育学、体育科教育学。『生徒が自分たちで強くなる部活動指導』〈明治図書〉『運動部活動の教育学入門―歴史とのダイアローグ』〈大修館書店〉『運動部活動の理論と実践』〈同・共著〉など〉

3　強制入部「懲役3年」？
――部活問題対策プロジェクト運営メンバー・元公立小中学校教員　小阪成洋《こさかなりひろ》さん

メンバー自身、部活を熱心にやってきた部分もあって、すばらしさを実感もしているので、一概に全否定をすることはできません。私たちは部活廃止を訴えているのではなくて、「やりたい人はやる」「やりたくない人はやらない」ということを当たり前にしたい。だから、ネットでの最初の署名は「部活動の顧問を選択制に」と訴えました。

■職場ではタブー

同時に、本来は子どもの自主的な活動であるはずの部活が「全員強制加入」になっている学校がまだまだあります。学校は子どもたちのためにあるはずなのに、そこが「懲役3年」と感じられるような場になっていてはいけない。そこで2番目の署名では「子どもの強制加入はやめて」をテーマにしました。

予想以上に反応があって、たくさんの方に賛同していただきました。多くのメディアが好意的に取り上げてくれ、私たちは正直びっくりしました。

「子どもの強制入部に反対」「活動日を減らす」「顧問の拒否」等の話題は職場ではタブーにな

「子どもの強制加入はやめて」と呼びかけるプロジェクトのサイトから
©眞蔵修平

っています。そんな中で、実は同じ思いを持っている人は自分だけじゃないということが、世論に認知されてきました。

職場ではまだ話せなくても、ネットで知り合った人同士で集まって座談会を開いた人たちもいます。そうした場で、「職員会議でどういう発言をしようかな」と相談して、職場に持ち帰り、その後もツイッターなどで相談を継続して、職場でより建設的な話ができるようになった、という人も生まれています。

それでもまだ職場では言い出しにくい雰囲気があります。そこで私たちは今、「部活問題に関心がある」という意思表示をするために、机の右隅に赤いシールを貼る「レッドシールキャンペーン」を提案しています。

小阪成洋さん

部活動指導員の導入や国家資格などがいわれています。十分な予算・対策が練られ、生徒・教師が望まぬ部活への拘束から解放され、部活を望む人も納得できる体制ならば歓迎します。

そうでなければ、子ども・教職員ともにメリットはないと思います。

さらにいえば「今の部活の実態にあわせて部活動指導員を導入する」となれば、過熱化した部活が維持されてしまう。それはおかしな話です。

■徹底した調査を

私たちが今、文部科学省に求めているのは徹底した調査です。調査なくして対策はありえません。

部活の無理強いは、子ども・教職員にとって問題が山積しています。

部活の指導者ではなく、指導要領に記載がある通りの「部活動・顧問」にすれば大きく改善されるはずです。

４「誤った成功体験」の陰で
――日本スポーツ法学会理事・弁護士　望月浩一郎さん

小・中・高で輪切りにされる部活では、スポーツの競技者は育ちません。また、輪切りにされたままでは、指導者も保護者もその瞬間の子どもの姿しか見えないようになり、短い期間で結果を求めるようになってしまう。子どもの人生にとって、非常に不幸なことです。

私たちは、運動部活動をはじめスポーツでの暴力をなくしたい、と活動を続けています。

■暴力行為の４型

指導者の暴力行為には四つのパターンがあります。①確信犯型②指導方法わからず型③感情爆発型④暴力行為好き型――です。③と④は明らかに間違っているとの合意を得られやすいのですが、問題は①と②です。

①の「確信犯型」の場合、競技力を上げるには暴力が必要だと信じています。いざという時に自分の頭で考えることができず、指導者の顔色を見るようになるため、本当の意味で強くなることはできません。ところが、そうした指導で勝ち残れた「誤った成功体験」しかない人々が指導者として残ってしまうため、再生産されるのです。

望月浩一郎さん

こうした「誤った成功体験」の陰で、どれだけたくさんの人が部活を辞めていったのか。そこに気づいてほしいと思います。

②の「指導方法わからず型」は、科学的な指導方法がわからないまま、自分の思い通りに導くことを強制しようと、あせって手をあげてしまう人たちです。教え込む「ティーチング」一点張りではなく、自発性を促す「コーチング」が大事であり、それができる指導者を増やさなければなりません。

■「外圧」も必要に

正しい指導方法を学ばない弊害は、部活にとどまりません。高さを競うと危ない組体操もそうです。文部科学省もスポーツ庁も、具体的にどんな方法でやれば安全なのかを提起しないため、「危ないからすべてやめてしまえ」となってしまう。むかで競走もしかりで、大きな課題です。

長時間の練習ではなく短い時間で成果をあげるような実践をしている指導者は、周りに広めてほしい。ただ、放っておけば活動時間は長くなりがちなので、ガイドラインのような「外圧」も必要です。

例えば、部活でグラウンドや体育館を使う日は限定する。それ以外は地域に開放するのも一つの方法です。部活の閉鎖性も多様な問題を引き起こしているので、いろいろな目が入ることも大切です。

部活を担う教員の多忙化は異常です。公立学校の教員給与にかんする特別措置法、いわゆる「給特法」では、時間外労働ができる項目を定めていますが、部活はあてはまりません。現実とかい離している給特法は、ただちに改正すべきです。

（もちづき・こういちろう　虎ノ門協同法律事務所。専門はスポーツ事故、医療事故、過労死・労災職業病事件。運動部活動の在り方に関する総合的なガイドライン作成検討会議委員。『スポーツにおける真の勝利』『スポーツにおける真の指導力』〈いずれも編集代表・エイデル研究所〉など）

5　どんな学び保障する？
――京都精華大学人文学部教授　住友　剛さん

部活をめぐる昨今の議論は、１９８０年代や90年代に起きたものを繰り返しているように思えてなりません。そろそろ、中学校の３年間でどんな学びを保障するのか、という議論から考える時期がきていると思います。

教職員の労働が週40時間という範囲の中で、子どもたちに充実した学校生活をどう保障するか。となれば、学校のカリキュラムを根本的に変えるしかないと考えています。

■得意なことで……

その際、例えばいまは教育課程外になっている部活を、形態を変えて、いっそ課程内に入れるのも一つの方法です。特に中学生の時期は、何かに没頭したり、試行錯誤したり、まったりしたりする時間が大切です。どう生きていけばいいのかを考えたりできる力をつけることが、人生にとって大事なことであり、学校が保障すべきなのではないか。そう考えたら従来、部活が担ってきた多様な「学びの経験」をいっそ「選択必修科目」として導入してはいかがかと。

9教科の授業は昼までにおさめます。1日4時間、週20時間をどうするか、と教科間の奪い合いが起きるかもしれません。でも、文部科学省自体が「業務改善」して、学力テストではかる「学力」向上最優先の仕事はやめたらいかがでしょう。こういう施策は80～90年代にはなかったわけですし、やめたら子どもも教職員も楽になりますよ。

一方、午前中の授業のあと、午後から3時半まで週4回が「選択必修」の時間です。このうち3回は選択科目A、残りの1回はBとし、それぞれ違うものが選択できます。

教職員側も担当教科やそれ以外のことを含め、自分の「得意なこと・好きなこと」で子どもと向き合う。社会科教員がスポーツやっても、保健体育科教員が演劇や美術、音楽をやってもいい。国語科教員ならひたすら文学作品を読む、でもいい。私なら理科か家庭科的な活動をやるかも。ここでの経験は、午前中の教科学習にもつながるでしょう。

住友　剛さん

■学校にゆとりを

選択する科目は3年間同じでも、学期ごとに変えてもよし。3年間続けば「ああこれが好きだったんだね」とわかりますし、逆に定まらなければ「高校でまた考えてみようね」と。学校にも子どもにも、このくらい遊びやゆとりが必要かと。

学校は3時半に終わりです。その後に教職員は授業準備や職員会議、事務作業などに集中できます。子どもたちが放課後、学校外の社会的な活動に参加したいという時間も、校内で自主的活動をする時間（＝これこそ本来の部活動のあり方です）も、このようなカリキュラムなら保障できるかと思うのです。

（すみとも・つよし　兵庫県川西市の子どもの人権オンブズパーソン調査相談専門員をつとめる。『子ども・権利・これから』〈明石書店〉『新しい学校事故・事件学』〈子どもの風出版会〉『指導死』〈共著・高文研〉など）。

６　人生楽しむ練習場所に
――早稲田大学スポーツ科学学術院准教授　中澤篤史さん

『そろそろ、部活のこれからを話しませんか　未来のための部活講義』（大月書店）という本を書きました。職員室に１冊ずつ置いて、隣の先生と話し合い、現場から部活のあり方を変えるきっかけになってほしいです。

喫緊にとりくむべきは事故や暴力、体罰をなくして子どもの命を守ることと教員の生活を守ることです。

■安心・安全に

まず第一の課題は、部活そのものを安心・安全に参加できるものに変えることです。

大阪市立桜宮高校で顧問の体罰を苦に生徒が自殺した事件（12年12月）では、暴行罪と傷害罪で顧問の有罪が確定しました。中体連や高体連などが暴力行為根絶宣言を出しましたが、暴言は増えているという意見もあります。子どもに不合理なストレスを与える暴言も根絶していくべきです。

柔道では約１２０件の死亡事故が起きています。不適切な指導を見過ごしてはなりませんし、予防できるように指導体制を見直さなければなりません。

部活をやっていた学生と話していると、「部活がつらかったけど退部できると知らなかった。中学生の時に退部の仕方を教えてほしかった」という人もいます。部活から逃げる選択肢があることも教えてあげたいですね。

中澤篤史さん

■労働条件整え

第二の課題は、教員の労働条件を整えて、生活を守ることです。

文部科学省の調査では過労死ラインを超えて働く中学校の教員が6割に上りました。大阪市では部活の指導をすべて外部委託すると数十億円かかるという試算が出ています。

教員の給与を定めた給特法では、時間外勤務手当は支給しない、とあります。例外は学校行事や災害など4項目で部活は入りません。「自主的」にやっているとみなされ、教員は莫大なタダ働きをさせられているわけです。これを改正して、時間外労働に残業代を払うことが必要です。

そうなると予算の制約が出てきますから、部活の規模の縮小も視野に入れなくてはならないでしょう。改めて、「そもそも本当に部活がしたいのか？」と生徒自身の本音を聞き直すことも大切だと思います。

子どもたちがしたいスポーツや文化活動を楽しめる、というのが部活の良いところです。そのためには、仲間を集め、練習計画や内容を決め、公式試合に申し込む、というハードルがある。現在は、おとなの側が先回りして取り除いているのですが、そうしたハードルに子ども自身が向き合うことに、教育的な意義があると思います。

子どもも、したい部活をするためなら、頑張れるはず。部活を通じて「楽しむ力」を育ててほしい。部活が、人生を楽しむための練習場所になってほしいと願っています。

〈なかざわ・あつし　著書に『運動部活動の戦後と現在　なぜスポーツは学校教育に結び付けられるのか』〈青弓社〉など〉。

7　命を守れる指導者に
――工藤奈美さん、英士さん、風音さん（遺族）

「皆さんには、子どもの命を守れる指導者になってほしい」

17年6月30日。東京都世田谷区の日本体育大学での「学校・部活動における重大事件・事故から学ぶ研修会」に、同大学剣道部員約１５０人も参加しました。

講師は、大分県立竹田高校剣道部に所属していた工藤剣太《くどうけんた》さん（当時2年）の遺族です。剣太さんは09年8月、練習中に重い熱中症になりましたが、顧問は手当てせず、暴行を加え命を奪いました。

■等身大パネル

研修会は2年目。母親の奈美さんは前年に続き、講師をつとめました。この日も、横に剣太さんの等身大パネルを立てました。身長１８０センチ。キリリとした剣道着姿です。なぜ等身大パネルにこだわるのか。それは「亡くなった子どもの立ち姿は見ることができないから」です。

剣太さんは顧問の猛烈なしごきをうけ、重度の熱中症に見舞われていました。しかし顧問は「気迫がない！」「そんぐらいでバテるな！」と怒鳴り、自分が座っていたパイプ椅子を投げつけました。1人で打ち込みをさせられ続けた剣太さん。竹刀《しない》を払われたことにも気づかず竹刀を構える、という異常行動も。それでも顧問は「演技やろうが！」と突き飛ばし、「そういうのは熱中症じゃねえ！」と10発程度、往復ビンタを浴びせました。

一つ年下の弟、風音《かざと》さんは一部始終を目撃していました。この日初めて、大勢の前で思いを語りました。

「目の前で兄が殺される。でも自分には何もできなかった。むちゃくちゃ後悔しました。俺が死ねばよかったのにと思いました……」

日体大の剣道部員が参加した研修会＝17年6月30日、東京都内

校門に立つと、兄が亡くなった剣道場が見えます。頭痛や吐き気に襲われ、高校に行けなくなりました。「顧問を殺してやりたい」。一時は極限まで達した憎しみを、再発防止へと振り向け、「今苦しんでいる子どもたちを守ってやりたい」と結びました。

■恐怖振りまく

「そばにいたのに、なぜ止められなかったのか」と非難されたこともありました。「止められるわけがありません。周りが萎縮することを狙って、キャプテンに暴力を振るう『恐怖支配』だった」と奈美さん。「だからいま、学生さんに話ができることにすごく大きな意味がある」

自身も剣道の指導をしてきた父親の英士さんは「指導者の意識改革しかない」と断言します。「いかに冷静でいられるか。子ども自身に考えさせることができるか。それこそが欠かせない能力です」。「剣道はわからないけれど、剣道が大好き」な奈美さん。前回、同大剣道部の練習風景を見て「その姿が本当にいとおしく思った」と。「剣太のことを、どうか頭の片隅において指導してください」

◇

剣太さんの両親は元顧問と元副顧問を刑事告訴しましたが、2度の不起訴処分に。民事訴訟では、一審の大分地裁での判決で元顧問、元副顧問の過失が認められました。ところが、国賠法により2人とも一切の責任を負わなかったため、公務員の個人責任を問いたいと最高裁まで争いましたが敗訴。その後、2人に対し「求償権行使」の住民訴訟を起こしました。大分地裁では賠償金の一部を元顧問に請求するよう求め勝訴。その判決を不服とし大分県が控訴しましたが、福岡高裁も一審大分地裁判決を支持しました。県は上告せず、勝利判決が確定しました。不起訴処分に対しては、福岡高等検察庁へ不服申し立てをしています。

「子どもに愛情もって指導してほしい」と話す（左から）英士さん、風音さん、奈美さん

8　豊かに育つゆとり
――全日本教職員組合書記長　小畑雅子《おばたまさこ》さん

全教は、1997年に部活動問題のプロジェクトを立ち上げて、討議資料をまとめました。部活本来の姿は「子どもたちが自由に参加し、楽しむものであり、子どもたちの生活にゆとりと精神の自由をもたらし、生き生きと学習をうながすもの」だとして、議論を呼びかけました。子どもたちがスポーツや音楽、芸術などに親しみたいと思った時に、その要求を実現する場が部活だ、と考えたからです。

■「勝つこと」が

ところが現実には、大小の大会が目白押しとなって、「勝つこと」が最優先される勝利至上主義に陥っているところが少なくないのです。そのことで、子どもや教職員にとって、すごく苦しいものになっています。子どもに強制加入させるなどということは、部活本来の目的からいったらあり得ない話です。

大会のために子どもたちをかり出すような小学校の部活は、本来の目的からかけ離れていますし、心身への負担も大きいので、やめる方向での検討が必要です。

小畑雅子さん

教職員の働き方からいえば、勤務時間外の活動が当たり前になっていて、しかも全員が顧問になるよう強制されるのは問題です。まずは、勤務時間内に収まる活動にするという考え方が大事です。大会の数も減らし、どうしてもというようなら、例えば平日を「スポーツ週間」にするというのはどうでしょう？

その上で、公立学校の教職員の給与に関する特別措置法（給特法）を改正して、やむを得ず勤務時間を超える場合は、労働基準法に沿って時間外手当を支払う、というようなしくみが必要です。

■最低限の基準

国がガイドラインづくりをすすめていることは評価できます。これを「少なくともこれだけは」という最低限の基準だと考えて活用し、現場での議論を積み上げて充実させることが大切です。

一方で、新しい学習指導要領に明らかなように、政府は、国や財界に役立つ人材を育成したいという教育政策を変えるつもりはありません。部活もそこに組み込まれているということを、見ておかなければなりません。

深刻な現状はそのままにして部活を学校から切り離すべきか、いや学校でかかえるべきか、という二者択一では、子どもや教職員の負担は軽減されません。どうしたら子どもが楽しめるようになるのか、学校種別に応じて、子ども・教職員・保護者で一致点を作っていくことが大切なのではないでしょうか。

何より、子どもたちが健やかに豊かに育つためのゆとりを、学校生活全体を通して保障することが大事だよね、と今こそ考え合う時期だと思います。

9　予算を増やして解決を

――日本中学校体育連盟専務理事　菊山直幸《きくやまなおゆき》さん

部活をめぐる負担の軽減は、とにかくお金がないと解決しない。なかでも人件費を増やさなければなりません。国の将来を担う人づくりは大切です。子どもが減っている今、一人ひとりにかける予算を増やすチャンスです。

教職員は、なぜ部活を負担だと思ってしまうのか。それは調査や研修に追われ、授業時間も増えるなかで、部活や生徒会、学校行事などが二の次になってしまっているからでしょう。「子どもと向き合う時間がほしい」という声もありますが、部活も子どもとがっつり向き合える場なのではないでしょうか。

■多くは良心的

「ブラック部活」ばかりが注目されますが、多くは良心的に活動しています。

私が校長をつとめた学校でも、どの部も週1日ぐらいは休みでした。それでも、子どもや教職員が疲れて見えたので、月1日、すべての部活を休みにしました。「別の部活の友人と遊ぶ時間ができました」と子どもが喜んでくれて、「そんな効果もあるんだな」と気づかされました。教職員自身も気分的に楽になったように思います。

「部活を学校から切り離せ」という議論もありますが、学校教育の一環として切り離すべきではないと考えます。人格の完成のために貴重な場ですし、いろいろな目で子どもをサポートできるのも部活の強みです。

部活動の指導における暴力・体罰事件を受けて、中体連主催でここ3年で11回、顧問を対象に研修会を開いています。コミュニケーション力やアンガーマネジメント（怒りのコントロール法）、保護者への対応、正しい体の鍛え方など。各回40人から50人ほどが参加し、その内容が各地に伝わり始めています。

実は私も若いころは夏休みに週6日も練習をさせていました。ある時から2日連続した休みを取るようにしたら、けがが減りました。1日目の休みに疲れがどっと出て、2日目にやっと回復するようなんです。これは私が経験的につかんだものでしかありません。スポーツ庁が設置したガイドライン作成検討会議の委員をしていますが、スポーツ医科学的な調査結果もふまえた、説得力のあるガイドラインにしたいと考えています。

菊山直幸さん

■全面的な発達

「勝利至上主義」にならないよう、全国大会をやめるべきだという意見もあります。ただ、ブロック大会や県大会、地区大会レベルにしたとしても、同じように頂点を目指すでしょう。

以前は中学校が部活のスタート地点でしたが、今はかなり低年齢化していますよね。でも、小さなころから一つの競技だけをやるのが果たしていいことなのか。いろいろなスポーツに親しませながら、生徒の全面的な発達を応援することが大事だと思います。

第5部　続・ここから始めよう

1　県が指針、学校に変化が

「先生、疲れた」「頭痛い、休ませて」――。春から夏にかけた月曜日。中学校の保健室はこんな子どもたちであふれます。

■ベッド足りず

「ぐったりしている子や、疲れ切って熟睡し、『ここ学校だよ。起きてー』と声をかけても起きない子もいます」。長野県東部のある中学校の養護教諭はため息をつきます。

大会を控えたこの時期。部活は土、日も練習や試合が入り、生徒の疲れが顕著になるといいます。

「最もひどかったのは10年ほど前。500人規模の学校で1日60〜70人は保健室に。ベッドが足りず、休むスペースもないほど」。違う学校のベテラン養護教諭も話します。

しかし、2人が一致して語るのは、「ここ1、2年は改善傾向がみられる」点です。

県が2014年に「中学生期のスポーツ活動指針」を出し、過熱する部活の是正に動き始めたからです。

指針では①休養日を平日1日、土・日1日設定する②平日の活動時間は2時間程度、休日の練習時間は午前・午後にわたらない③朝部活は原則行わないなどの基準を示し、実施を求めています。

「背景には、運動部の加入率が年々下がることで体力や競技力低下の課題があります。同時に、学習や家庭生活とのバランスを欠くなど、心身の成長過程の適切な活動になっているのか、という問題意識があった」。長野県教育委員会事務局の内山充栄スポーツ課長は話します。

当時、県下の生徒の日常生活は、睡眠７時間以上が全国平均より３・５％少なく、家庭学習も２時間以上の生徒が６・３％少ない状況がありました。

指針は、スポーツドクターや心理学の専門家や教職員組合、ＰＴＡの代表らが加わり議論して作成されました。医科学的な観点から、休養日の意義や短時間で効果的な練習の必要性も説かれています。

指針発表後、学校と顧問、ＰＴＡで激論になったところもありました。「今は徐々に指針の方向性が理解されてきていると感じる」（同課長）といいます。

■近づける努力

３年前までほとんどの学校で実施していた朝練習は、昨年の調査では80％が「原則行わない」と回答する変化が生まれています。

現場からは「自主練習という名の朝練が行われている」「平日２時間以上の部が増える揺り戻

しもある」との声も聞かれます。しかし、県が基準を示し、その後も議論し、そこに近づける努力をしている点は見逃せません。

「今後も子どもたちがどう変化しているのか確認し、必要に応じて改善を図り、この時期の望ましいスポーツ活動を探っていきたい」。内山課長は力を込めました。

２　わずかな予算での「外部化」

教職員の長時間労働を軽減するために、部活動に外部の人材を――。17年４月から始まった「部活動指導員」制度をはじめとする部活の「外部化」の流れは、国がすすめたい教育施策の大きな柱です。

教育再生実行会議は同年６月１日に第10次提言を発表。部活が「中学校教員の多忙化の主な要因と言われている」として、部活動指導員について「地域人材や民間事業者などの活用を含め、配置促進を図る」と掲げました。

松野博一文科相は同22日、中央教育審議会に対し、学校における働き方改革に関する総合的な方策について諮問。学校が担うべき業務のあり方として、検討を求める内容の筆頭に部活をあげました。

スポーツ庁におかれた検討会議が17年度中に作成するガイドラインにも、部活動指導員の活用がくみこまれる予定です。しかし「部活動指導員」制度に対し、国はその３分の１しか予算を出さないため、地域間の格差が懸念されます。

運動部活動の状況（中学校・複数回答）

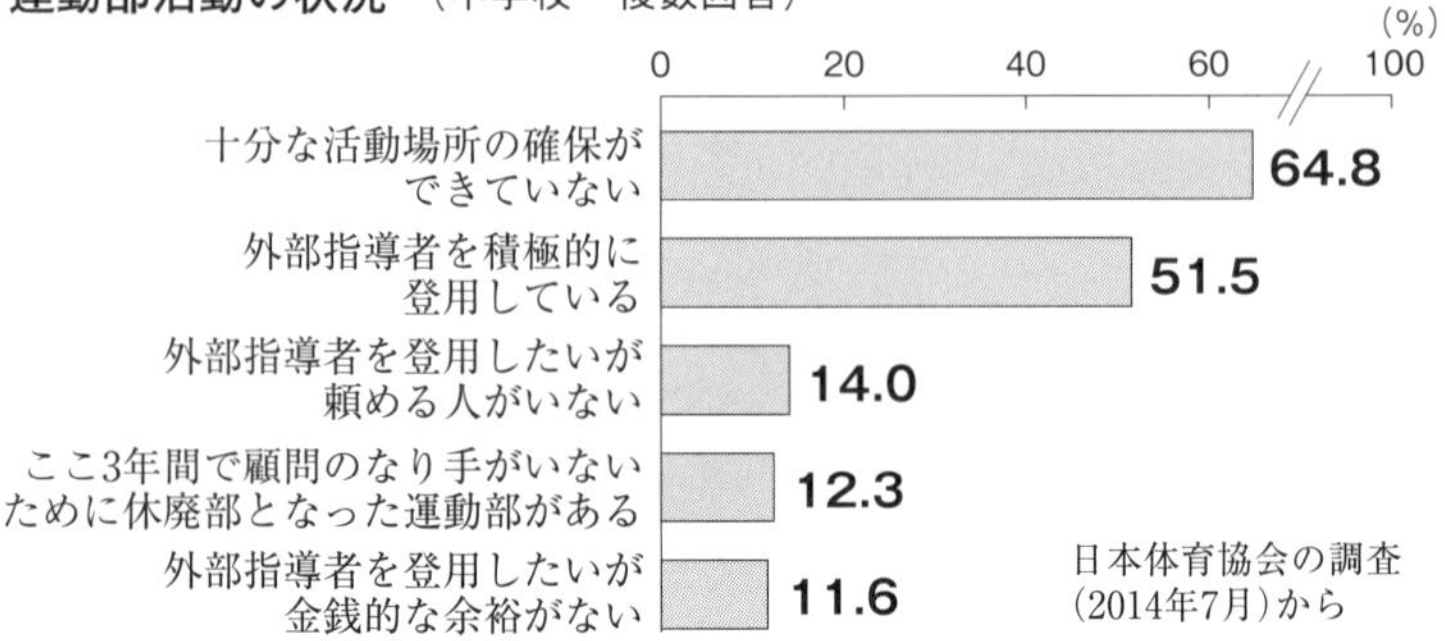

日本体育協会の調査（2014年7月）から

■「卓球ノート」

これまでも、地域住民や保護者などが外部指導者として部活を指導してきました。

埼玉県の田中進さん（仮名）は外部指導員歴7年。職場の先輩に「地域とのつながりを作っておいた方がいい」とアドバイスされ、40代から自己流で卓球を始めました。おもしろさにはまり、本格的に教室に通うようになったある日、卓球場で出会った親子が「学校には指導者がいない」と。63歳で定年退職したこともあり、外部指導員になりました。

顧問は2人とも未経験者。田中さんは、朝練も放課後練もほぼ毎回指導します。「毎回の振り返りが中学生にとって力になる」と目標や指導内容、反省などを書き入れさせる「卓球ノート」も。ふだんの子どもの様子は顧問からあえて聞き出すことはせず、どうしても気になることだけを顧問に伝えています。

■交通費は自腹

「部活が楽しいから学校が好きになった、となればうれしいかな」。そういう思いに支えられての活動ですが、契約した日数以上の手当は出ず、練習試合や大会の交通費も自腹。「私は何とかなるけれど、もう少し身分保障をしないと人は集まらないと思います」

「みんなが強くなることが大事」をモットーに、３年生は全員いずれかの試合に出場できるよう心を砕きます。「でも、下の学年にずば抜けて強い子が入ってきたら、学年を越えてレギュラーにしたくなるかも。気持ちは揺れますね」

自民党からは「指導員の国家資格化」案も出ていますが、田中さんは反対です。「資格のある人が指導者になれば、周囲は当然のように勝ち上がることを求めるでしょう。それは本来の部活のあり方とは違うと思います」

3 「休養日」「指導員制度」でどうなる

子どもの成長・発達を支える活動にしたい。暴力や暴言をなくしたい。教職員の負担を軽減したい――。部活にはいま、さまざまな願いが寄せられています。そもそも子どもにとっての部活って何？ 部活動指導員ってどんなもの？ 考えてみました。

「高校で部活に入って、やっと居場所が見つかったんです」

A4で3枚にわたるファクスを編集局に寄せてくれたのは、大阪に住む高校3年生、小林春香さん（仮名）です。所属するギター部は「自由な部活」。「クラスや学年をこえた人間関係をつくれる場所」と話します。

■負担軽減の一方

文部科学省は17年1月、教職員や生徒の負担軽減を図るためとして、休養日を適切に設定するよう求める通知（巻末・資料4）を出しました。中学校の2割超が休養日を設定していない、との結果をふまえたものです。

これまでも教育委員会独自のガイドラインがありましたが、改めて休養日の設定がすすんでいます。疲れた子どもからは歓迎される一方で、揺れる思いの子どももいます。

小林さんが通う学校では「週1日休みにする」というプリントが配られました。バスケットボール部の友人は、「試合前は週7日やりたいんだよな」とつぶやいたといいます。

「納得できる説明も、話し合いの場もなかった」と小林さん。「一生懸命やっている生徒にとってみれば、部活ができなくなるのは悔しいもの。『先生がズル休みしてる』みたいに思ったりするんです」

中学校の運動部活動に外部人材を何人活用していますか？（16年度、予定含む）

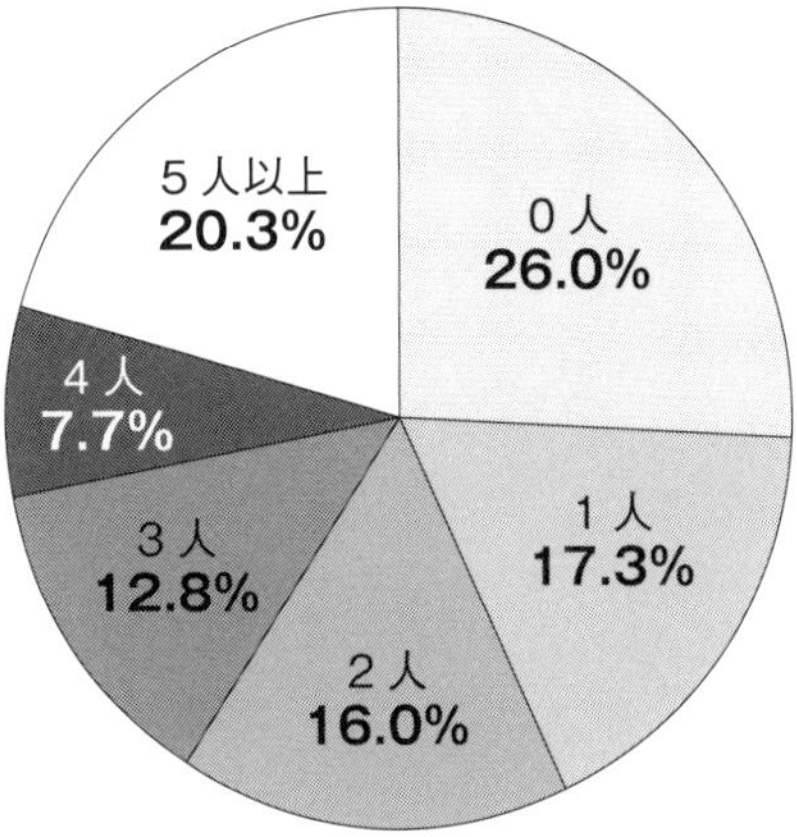

「2016年度全国体力・運動能力、運動習慣等調査」（スポーツ庁）から

■少なすぎる予算

同年3月、学校教育法施行規則が一部改正され、いわゆる外部指導者である「部活動指導員」制度が4月からスタートしました。

部活動指導員の職務について「校長の監督を受け、技術的な指導に従事する」と定義。その具体的な職務内容として、実技指導をはじめ▽学校外での活動（大会・練習試合等）の引率▽部活動の管理運営（会計管理等）▽保護者等への連絡――などを例示しました。

ところが、予算は不十分です。このままでは、自治体の予算配分にゆだねるしかありません。職務内容の中には「部活動中、日常的な生徒指導に係る対応を行うこと」というものもあります。しかし、部活問題に詳しい研究者からは「外部指導員の利用はいいと思いますが、教師の専門性ともかかわる生徒指導まで任せることが果たしていいことなのか」との声があがっています。

４　小学校でも年々、過熱

小学校の部活は学習指導要領に位置づけられていません。部活があるところでさまざまな問題が起きており、教職員組合がその改善にとりくんでいます。

千葉県松戸市では、水泳、陸上、球技の大会に全小学校が参加。教職員が部活を担当しなければならず、多忙化を招いています。

「何より問題なのは、学校対抗得点制で子どもや教職員を苦しめていること」。こう話すのは松戸市教職員組合・部活動問題プロジェクトの嶋村新一さんです。

■朝練だけで50分

少ない人数から選手を選ばなければならず、上位になるのが困難な小規模校。上位校では練習が過熱し、「朝練だけで50分」「春休みまで練習」などの事例も。組合が申し入れを重ねた結果、市教委は「授業時間確保」を理由に水泳大会をとりやめました。

「組合として、大会の整理・縮小や、市独自のガイドラインの作成を教育委員会に求めたいと思います」

その際、手本にしてほしいと示したのは、京都市教育委員会がつくった「小学校運動部活動ガ

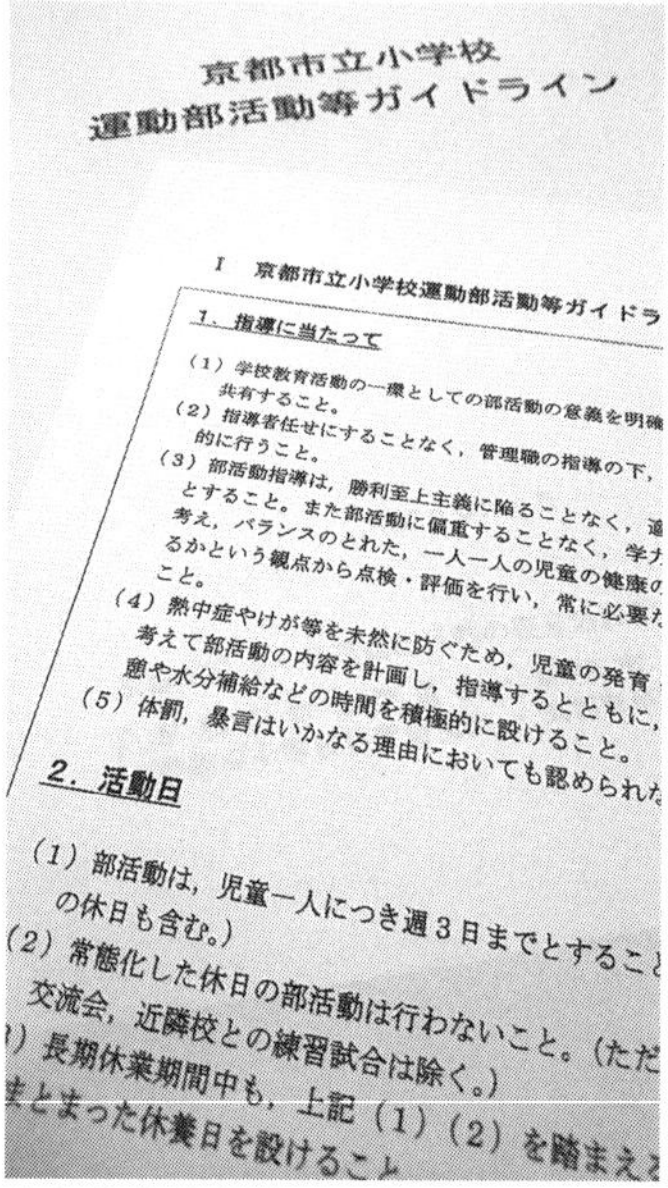

京都市立小学校運動部活動等ガイドライン

イドライン」です。

京都市では、社会体育のスポーツ教室を、02年から部活動として学校教育に位置づけた結果、年々過熱。なかでも2月の「大文字駅伝」が拍車をかけていました。

市教組の中野宏之副委員長は「子どもの体の悲鳴に気づいた学校医の皆さんが、改善に向けて声をあげ続けてくれた」と話します。

■ガイドラインで

ガイドラインの基本方針には「運動部活動はあくまで児童が生涯にわたってスポーツに親しむことの楽しさを体感し、交流を図るための活動です」とあります。体罰や暴言は徹底して排除するよう呼びかけ、日本陸上競技連盟のガイドラインに沿って活動日・活動時間を定めています。

大文字駅伝で一番過酷なコースは変更されましたが、駅伝は続いています。「市教委自身が実態調査をすすめて、ガイドラインを徹底してほしい」

北海道の道高教組十勝支部は「部・少年団活動のあり方についての意見書」をまとめ、教委や校長会、中体連などと幅広く懇談をしようと計画しています。

スポーツ少年団でも多くの教職員が指導にかかわっています。熱心な先生の異動が近づくと、「代わりにちゃんと野球ができる教職員を連れてきてほしい」と保護者から校長にプレッシャーがかかることも。「学校とは別なはずの少年団ですら、親は学校に期待する」と書記長の角谷悦章さん。まずは、職場の同僚一人ひとりに声をかけながら意見書を手渡しました。

「学校内で話題にすることはもちろん大事。それを後押しできるよう、地域全体で部活について議論できる土壌を作りたいですね」

5　自分の頭で考える運営

子どもたちの自治集団活動として、部活動の仕切り直しをしたい――。こんなとりくみを始めたのは高校剣道部の顧問、江川美穂子さん（仮名）です。「顧問がすべて担う」部活から「子どもたちに任せる」部活へと、17年初めに「仕切り直し」をしました。

「部活で学校の名をあげよ」という私学にありがちなタイプの高校ではないため、「いい成績を上げることが至上命令」というしんどさはありません。が、それとはまったく正反対の部活の姿に疑問をもっていました。「『今日も誰も練習に来なかったから、やめます』という感じなんです」

■ワンマンぶりが

自分の頭で考えて動く自治集団を育てる部活には、以前から興味がありました。「もっと生き生きと目を輝かせて高校生活を送ってほしい。そう思ったら、もうやるしかないと」。アドバイス役は、宮城教育大学准教授で学校体育研究同志会メンバーの神谷拓さんです。

「みんなで運動部活動をつくろう！」と題し、生徒と顧問で2回学習会を開催。1回目は神谷さんが「クラブ」の目的を説明し、どんな剣道部にしたいかを考え合いました。

2週目には、組織運営まで話がすすみ、運営に必要な役割を25項目に分類。このうち21項目を自分が担ってきたことに改めて気づき、「自分のワンマンぶりにびっくりしました」と江川さん。

「でも、よく考えてみれば、自分が生徒だった時も『自分たちで強くなる』部活でした」

江川さんと生徒とで話し合って分担した仕事のチェックリスト

生徒が担えそうな役割を話し合った結果、生徒が決める項目が6項目、顧問と生徒が一緒に決めるのが15項目に。顧問だけで解決すべきものは、学内外の施設に関する2項目と、公式試合の申し込みに関する2項目のみになりました。

その後、生徒と整理し直して①練習・試合②物品・部室・体育館管理③会計④組織——の四つのカテゴリーに分類。生徒は、それぞれの仕事に真剣に向き合いました。ある子は大会や試合時の役割分担を1日かけて考え、またある子は用具を調達するため業者との対応に四苦八苦し……。失敗を重ねながら「自分の頭で考える部活に近づいて」いきました。

■時間かかるけど

「なんだ。自分があんなにがんばらなくてもできるんだと思うと、正直寂しい」と笑う江川さん。ただし、「生徒による自主的な活動」に変えれば、教員の仕事が減って負担が軽くなるわけでもない、といいます。「自分ですべて仕切った時より、2倍も3倍も時間はかかる。イラッとして『自分でやっちゃおうか』と魔がさすことがありますとも。「技術指導のプロを外部から呼ぶのはいい。でも、自治の力を育てるプロは私たち教師なんです」

第6部　私にとっての「部活って何」——手記

1　部活のない学校で　豊かでゆったりした時間が流れる放課後
――大阪・秋桜《しゅうおう》高校教員　浦田直樹《うらたなおき》さん

私が現在勤めている秋桜高校には部活動はありません。全員の子どもたちを全員の先生たちで大切にするには学校の中にどんな時間があればいいか、なければいいかをみんなで考え合うなかで、部活動はつくらないできました。

前任校では野球部の顧問をしていたので、放課後や休日の多くの時間をクラブ指導に費やさなければなりませんでした。しかし、本校の放課後の時間は、これまで想像したことのないような豊かな時間になっていると感じています。

授業が終わると、子どもたちと15人の先生全員で校内外の掃除をし、その後は各教科の先生が集まってその日の授業の振り返りをします。複数の先生で一つの授業を担当しているので、授業の内容や子どもたちの反応はどうだったか、寝ているように見えた子もあの問いかけをした時には顔が上がったなど出し合い、明日の授業に向けて改善できるところはどんなところなのかを考え合います。他教科の先生にも一緒に授業を作ってもらったりしているので、教科の枠を超えて授業の振り返りや子どもたちの様子の交流ができることが、本当にうれしいです。

緊急の打ち合わせや会議も、部活がなければすぐにもてます。それらがない時間には、学校に残っている子どもたちとゆったりと過ごせます。何でもないようなおしゃべりをする、歌を歌う、相談事をきく、勉強を教えてほしい子と一緒に勉強する、今日来られなかった子や明日来る予定の子に連絡をする……。いろんな子どもたちと過ごす時間もですが、先生同士でおしゃべりしたりほっこりする時間を持てているなと感じます。

全員の先生で今日一日を思い返し、子どもたちの様子を確認し合いながら次の日の準備やこれからの行事のことを考える。先生みんなで、全員の子どもたちのことを思いながら学校の時間をつくっているなと感じられます。

前任校では、放課後になれば自分は野球部の顧問として野球部の子たちと部活のことを考える人になっていました。他の部活顧問もそうだったと思います。同じ学校にいながらそれぞれが違うことを思い考えて過ごしていたのだと思います。

しかし今は、どの先生もがどの子のことも知り関わっていこうという空気ができていると感じています。土日や長期休暇中にも部活動がないので、全教職員参加の宿泊研修会もできるし、ゆっくり心と体を休めることもできます。また、自分たちの成長につながる学びや研修会には先生みんなで参加しようと誘い合っています。

2　理不尽だらけの「非日常」「自分はこうなりたい」を気軽に言える関係性を

――元高校球児の小学校教員（30）

高校野球で甲子園に出場した。果たしていい経験だったのだろうか。確かにみんなができるわけではないし、当時の仲間と集まってDVDを見て楽しくお酒をくみかわせる、素敵な思い出ではある。

でも、理不尽なことだらけだった。炭酸入りジュースは飲むな。靴下は白のワンポイントのみ。アンダーシャツはハイネックのかっこいいやつではなく、襟元《えりもと》がゆるい型を着るべし……。どれも1年生だけに課せられた意味不明な決まり。強固な上下関係が作られた。

先輩からの暴力があった。監督や部長は知っていたはずだが、見て見ぬふりだった。目をつけられた途端に、何かと呼び出される部員の姿を見て、「ああは、なりたくない」と乗り切った嫌な自分がいた。監督の意向に沿うような野球をするうちに、ヒットが打てなくなった。毎日くたくたで、信号待ちの間は自転車に乗ったまま寝た。

それでも心のどこかで、そんな野球を変えたいという思いがあった。キャプテンになってからは、ミーティングで技術的な話をしてみたり、「明日の試合に集中するために、早く帰ってゆっくり休もうな」と声をかけたり。でも、変わる前に引退の時期がきた。

あの頃はあまりに非日常だった。試合後にテレビインタビューを受ける時は、カメラの向こう側にたくさんの人がいるんだと意識させられ、「これは言うな」「丁寧な言葉遣いを」と監督に口うるさく言われた。自分がすごい人間のように勘違いもした。

甲子園に出場した実績で進学できた、と言われるのも心外だ。自分が進学できたのは担任の先生が丁寧に対応してくれたから。「野球部から○○大に進学したんや」などと部長がうれしそうに話すのを見て、「ああ、結局おれらは商品なんだな」とつくづく思った。

最近、高野連の日本学生野球憲章を読んでみた。「第２条　学生野球の基本原理」に「平和で民主的な人類社会の形成者として必要な資質を備えた人間の育成を目的とする」と書いてあった。驚いた。現場はちっとも民主的じゃなかったのに。

それでも野球が好きで大学でもやった。「自由にバットを振ってもいいんだ」と思ったら、またヒットが打てるようになった。社会人になってからも草野球を続けている。ボールをバットで打つというシンプルさが面白い。

「自分はこうなりたい」と頭で考えて、「でも、そのためにはどうすればいいんだろう」と指導者に気軽に聞けるような関係性が必要だ。そんな部活だったら心から楽しめたのにな、と今は思う。

3　休みがなく厳しかったサッカー部　友達の存在がとても大きい

――マリサポ（高1）

私は中学生の時、サッカー部に所属していました。なぜなら、ただ単純にサッカーをやりたいという思いがあったのと、部活なら試合をやったり、うまい人たちとサッカーができたりするだろうと考えたからです。

しかし、それは自分の予想をこえるほどの厳しさでした。

部活に入る前に、サッカー部が厳しいというのは聞いていましたが、休みは夏休みの何日かと年末年始しかないということに、びっくりしました。

先生は「サッカーが好きでこの部活に入っていて、サッカーを毎日できるような環境を作ってあげている」と言います。確かにサッカーは好きです。しかし、毎日サッカーをやっていると疲れるのもあるし、1日どこかで友達と出かけたりしてリフレッシュをしたいという時もあります。なので今、部活はやっていませんが、部活をやっていたとしたら、月に1回の休みはほしいなと思います。

さらにいうと、自分自身はレギュラーではなかったし、サブでも入ることができなくなって、とても辛い思いをしました。練習試合でも自分が試合に出られる機会も減ったりして、自分のやりたいことができなくて、なんのために部活をやっているのかわからなくなった時期もありました。部活をやめたいなと思ったことも何度も何度もありました。

しかし、部活でも悪いことだけではないこともわかりました。それは、友達の存在でした。学校にいる時でも大体は部活の友達といたり、プライベートでも部活の友達と過ごしていることの方がとても多かったと、今になって思いました。部活の友達の存在はとても大きかったと気付きました。

部活を本気でやめたいなと思った時にも、友達の存在がなければ続けることはできなかったのかなと思いました。

部活は忙しいし、やめたいと思う時があったり、投げ出したくなったりするような時もあります。でも、部活は友達を作ったりすることもできるということを、この文章を読んでくださった方々に共感していただいたり、知っていただけたらうれしいです。

4　大切な居場所　目上の人を敬うことも教えてくれた

――りん（高3）

いつもと同じように朝ご飯を食べながら「しんぶん赤旗」を開くと、「部活って何」という文字が目に飛び込んできました。高校生の私に最も身近な話題だったからか、このコラムを読むようになりました。先輩方の経験談を読み、時にふと「自分にとっての部活って何だろう」と思いました。クラス以外のもう一つの大切な私の居場所。これが一番初めに浮かんだ答えでした。

中学生の時、どこの部活にも所属していなかった私。行事のたびに部活仲間で集まる友達に取り残され、いつもどこかうらやましい気持ちがありました。

高校生になったら部活に入って思いっきり充実した高校生活を送ってやる！　という意気込みで、自分の性格に最適なギター部に入部しました。みんなが自由で楽しそうな雰囲気にひかれたからです。

しかし「確かに新しい形での自分の居場所を見つけたのは良いものの、そこで何を自分は学んだのだろう」ということが第二の問いとして思い浮かびました。私が部活を通して得た、最大の成果。それは「目上の人を敬う」という気持ちでした。

自由奔放な両親に育てられた私は、常識的な範囲での礼儀は教えられて育ったものの、「目上の人を敬う」という文化はなじみのないものでした。それが理由かどうかは定かではありませんが、年上に対して敬意を払うということはすなわち、必要以上にへりくだって敬語を使い、気持ちとは裏腹に深々とお辞儀をすることと認識していたので、かなり否定的でした。

高校生になり、立派な部活にも所属することができました。６月に文化祭が開かれる私の学校では、その日は初めて１年生が舞台に立って演奏することが恒例となっています。

入部から約１カ月弱で仲間と１曲を仕上げなければなりません。初心者だった私たちを支えてくれたのは、ほかでもない先輩方でした。ギターの持ち方から弦の抑え方、楽譜の読み方、舞台での機材の使い方……。何から何まで手取り足取り教えてくれました。

自分たちの課題曲もこなしながら嫌な顔一つせず、親身になって最後まで付き合ってくれた先輩方のありりしい横顔は忘れられません。その時初めて私は「目上の人を敬う」の意味を理解できたと思いました。日々成長し、おとなに近づいていく先輩はまさに尊敬の対象でした。高校生になっても部活に所属していなかったら敬意を表する意味を分からないままおとなになっていたと思います。部活に感謝しています。

〈補論〉　スポーツ体罰・暴力を問う

２０１３年に部活動やスポーツ界を覆った体罰・暴力問題。以来、警鐘が鳴らされ、克服のための取り組みも数多く生まれました。「しんぶん赤旗」でもスポーツ体罰取材班が同年２月に12回の緊急連載を組みました。日本のスポーツ界に深く根ざした悪弊。これを根絶する努力はいまも続いており、ここでの指摘の多くは、いまも色あせていないように思います。再録にあたり肩書き、年齢は当時のままとしました。

（この連載は青山俊明、安岡伸通、佐藤恭輔、勝又秀人、栗原千鶴、和泉民郎の各記者が担当しました）

1　心の叫びに応えられるのか——諦めなかった選手たち

日本のスポーツ界は体罰、暴力問題に揺れています。柔道のトップから学校の部活動まで次々と明るみに出る指導者の暴力。それがくり返される背景や問題点、あるべき姿を探ります。

「私たちは心身ともに深く傷つきました」。13年2月4日に公表された柔道女子トップ選手15人の訴えには、体罰や暴力に苦しんだ心情が、切々とつづられています。

「人としての誇りを汚されたことにたいし、ある者は涙し、ある者は疲れ果て、またチームメートが苦しむ姿をみせつけられることで、監督の存在に怯えながら試合や練習をするという、自分の存在に気がつきました」

辞任した全日本女子の園田隆二前監督、徳野和彦前コーチら複数の指導者による体罰や暴力。それが、いかに選手の人格や人権を踏みにじり、傷つけたか。この「訴え」は、選手の「心の叫び」といってもいいものです。

いったい、どんな暴力を受けたのか。

「死ね」などの暴言のほかに、「合宿や遠征で暴行制裁があった」「(暴力などで)何度も現場が凍りつくことがあった」「チームメートの見せしめ的な暴力に恐怖を感じた」。さらに「まだ報道に出ていない暴力もある。新たな事実が出てくるのではないか」と、15選手の代理人、辻口信良弁護士は話します。

■聞いてもらえず

ある柔道関係者は怒りを込め告発します。

「特定の選手たちがとくに集中的にやられていた。それを見ていた周りの選手もこれじゃいけないとなった。実は、男子もひどい実態があった。選手だけでなく、コーチまで殴られていた」

12年9月、ある選手は連盟に訴えたものの、園田監督が留任。監督本人にも反省する言動がないため、15選手は12月、日本オリンピック委員会（JOC）に訴え出ました。それでも「なかなかわかってもらえない」状況が続いたといいます。選手はあきらめず、弁護士に相談を持ちかけたのです。

辻口弁護士は、その思いをこう代弁します。

「一番のポイントはどこも自分たちの話をまともに聞いてもらえないということ。それが不満の原点にある」

選手の心を踏みにじった、もう一つの出来事がありました。12年5月、ロンドン五輪代表の発表方法でした。

各階級2人の候補が集められ、代表の名が読み上げられる。落選した選手の表情もテレビに大映しになる無神経なものでした。吉村和郎強化委員長（当時）は、テレビ局の要望と打ち明けました。

「補欠（となる選手）はいやだろうと（テレビ局に）交渉したが、どうしてもと、そういう結果になった」

選手らはこれを「互いにライバルとして切磋琢磨《せっさたくま》し励ましあってきた選手相互間の経緯と尊厳をあえて踏みにじる」として、役員、強化指導陣にも「失望し強く憤りを感じた」と指摘します。選手に対する〝心の暴力〟でした。

■誠意を感じない

15人が弁護士を通じて訴えを出した13年2月4日の時点で、全日本柔道連盟の上村春樹会長の反応は鈍く、誠意も感じられないものでした。

「執行部批判があったのなら、組織のあり方を考えなくてはいけないのかもしれない」

しかし翌日、世論の後押しを受け、事態は動きます。臨時理事会で、いくつかの抜本策を打ち出さざるを得ませんでした。全柔連はやっと重い腰を上げつつあります。

彼女たちの〝一撃〟は、柔道界に衝撃を与えたにとどまりません。中学、高校の部活動指導者の体罰も次々と明るみに出るなか、日本のスポーツ界に大いなる警鐘を鳴らしています。

辻口弁護士はいいます。「(声明の)文書も15人だけでまとめたと思う。これほどの選手が、自立し、結束力高く、改革を目指す姿はすごいことだと思う。暴力を憎み、正義を求める、そしてたたかう仲間を思いやる。彼女たちが培ったフェアな精神が、日本のスポーツ界を前に進めようとしています」

■隠蔽体質・構造も明らかに

――バルセロナ五輪柔道銀メダリスト溝口紀子《みぞぐちのりこ》さん(静岡文化芸術大学准教授)

15選手が危険をかえりみずに起こした行動は、日本スポーツ史上の画期をなす出来事です。彼女たちは、選手の声が通らない競技団体の体質をあぶりだしただけでなく、メディアとのゆがんだ関係にも一石を投じました。

しかも、その信念は〝いかなる暴力や差別も許さない〟というオリンピック精神にのっとっています。選手による、スポーツ界の民主化を求めるたたかいは、１９８０年モスクワ五輪のボイコット騒ぎ以来ではないでしょうか。

あのときは、ＪＯＣが政府の圧力を受けてボイコットを決め、柔道の山下泰裕さんたちが涙を流して抗議しました。結局、選手の声は通りませんでしたが、今回は選手たちの行動が改革を進めています。

全柔連は第三者委員会で真相を明らかにするといいます。そこでは、表に出ていない事柄だけでなく、組織の隠蔽《いんぺい》体質やその構造までも明らかにしなければなりません。

選手の勇敢な行動を実らせるためにも、暴力をなくし、選手の声が通る組織への再生が求められています。

2 勝利を強いる圧力――違いは決別する姿勢

柔道全日本女子の園田隆二前監督が、体罰に走る心理状態を、吐露した場面がありました。

「最初は（選手と）対話をしながらやっていた。でも、焦って急ぎすぎた。急いで強化しなくてはいけないと、たたく方向性になった」

■金メダルが絶対

同監督は背景を「金メダル至上主義」と話しました。柔道界には、金メダル以外はメダルじゃないという意識が強い。今回、強化担当理事を辞任した吉村和郎前強化委員長は、雑誌（『近代柔道』12年10月号）の中で、何度も強調しています。

「私たちは銅メダルで『よくやった』とはいえない。指導者というのは、あくまで金を目指すわけだから」

結果を強いる圧力によって、体罰にいたる構図は中学、高校の部活動でも見られます。

体罰問題の発端となった大阪市立桜宮高。バスケットボール部の主将を自殺においこんだ監督の暴力は、「勝利至上主義や学校のスポーツに特化した宣伝が、その背景にあったと思う」との関係者の指摘があります。

その後、相次ぎ発覚した体罰は、駅伝強豪校の愛知県立豊川工高陸上部、五輪メダリストが輩出した京都府立網野高レスリング部など、多くが同様の状況下にあることがうかがえます。

しかし、五輪のメダルを目指し、その圧力ともたたかう競技や全国優勝を目指す学校がいくつもありながら、そのすべてで体罰があるわけではありません。

決定的な違いはどこにあるか。それは指導者や競技団体の体罰、暴力に対する姿勢です。今回、改めて明らかになったのは、柔道界の「暴力に甘い体質」でした。園田監督は殴る、けるをくり返しながら、「暴力という観点で手をあげた意識はまったくなかった」と言いきりました。

こうした意識で指導すれば、ちょっとしたきっかけで、暴力が顔を出し、常態化につながることは、ある意味、当然です。

問題は体罰ときっぱり決別する、明確な姿勢を持てるか否かです。

体罰がいかにスポーツ指導と相いれないかは、多くのスポーツ関係者が指摘しています。元プロ野球投手の桑田真澄さんは、「体罰の恐怖心や痛みによって根性がついた、気合が入ったなど、野球に生かされたことは何一つない」と語っています。

さらに、「僕は米国にいるとき、小学校から大学まで足を運んだ。でも、怒鳴る、殴るはいっさいなく、（選手は）のびやかに、ゆったりと楽しく野球をやっていた。それは体罰がなくてもメジャーリーガーが育つ証しだと思う」と明快です。

■「指導の放棄だ」

柔道バルセロナ五輪金メダリストの古賀稔彦さんは、「しんぶん赤旗」日曜版（13年2月10日号）で、「私は体罰をしたことはありません。むしろ、それは指導の放棄だと思う」とズバリ指摘していきます。さらに、「それ（体罰）は、選手の成長を止めてしまうし、人間不信になりかねないと危倶《きぐ》しています」

スポーツ界を覆う体罰をいかに克服していくのか。こうした人たちの言葉や実践に学んでいくことが求められます。

3　誰を守るのか——米国と異なる常識

監督からの暴行を、日本オリンピック委員会（ＪＯＣ）に告発した柔道女子ナショナルチーム15人の選手たち。４日に発表した声明には、自分たちの声が競技団体のなかで取り上げられなかった、つらい思いがつづられています。

暴力や暴言、ハラスメントがスポーツの場で起きたときどう対応するのか——。

■調査は第三者が

米国在住のスポーツ経営コンサルタント、鈴木友也さんは「日米で対応に大きな違いがある」と話します。

ひとつは「告発者を守る」ということ。「全柔連（全日本柔道連盟）は当初、『もうやらないと言っている』と監督の続投を決めました。米国で同じことが起きたら告発者が報復をうける『可能性』があるとして、いったん監督を外します。一方で裁判同様、推定無罪の考え方ですから、調査が終わるまで報酬は支払われます」

もうひとつの違いは「利害関係のない第三者が調査する」ということです。「JOCは、全柔連に調査を差し戻しています。これは被告の友だちに裁判官を頼むようなもの。調査は利害関係のない第三者が行うことが求められています」

日米の違いの根っこにあるのは、問題への向き合い方ではないかと鈴木さんはいいます。「誰を守るのか、ということです。とくに告発者が選手だった場合は、代表選考などがありますから弱い立場です。日本では、暴力や体罰は指導の一環という意見がありますが、日米ではまったく考え方が違います。日本のスポーツ界の常識は、国際スタンダード（標準）とはちょっと違う」

■独自プログラム

米国での、こうした対応の基盤となるのが米オリンピック委員会（USOC）の独自プログラム「Safe Sport」です。

プログラムはオンライン上で、不正行為についての誤解をとく解説や、防止策などの情報を開示。「体罰が指導の一環であるという考えはいかなる場合も受け入れられない」ことなどを、選手やコーチ、両親、クラブ関係者に啓蒙しています。

プログラムができた背景には、数々の研究成果が生きています。

「心理学の研究が進んでおり、不法行為（パワハラ、いじめ、性的虐待など）がパフォーマンスの低下につながることが明らかになっています。練習に集中できず、けがにつながりやすく結果もでないという悪循環です」

トップレベルの選手ほど、不法行為を経験しやすいことも分かっています。不法行為に出合う確率は、大学生が高校生の倍、オリンピック選手になればさらに確率は高くなるといいます。

「選手たちは厳しい競争のなか、ぎりぎりの状態でプレーしています。信頼していればしているほど、指導者と密接な関係になり、自分と他人の区別がつきにくくなる。不法行為の確率も高くなると考えられます」

柔道の告発した選手たちが一番望んだことは「苦しみや悩みの声を、安心して届けられる体制や仕組み作り」（声明）でした。

全柔連は、やっと外部有識者による調査委員会の設置へ動き出しました。選手を尊重する組織になることができるか、改革の本気度が試されています。

4　非民主性に根源――ヒントは選手主導

「部活動の体罰、暴力は本当に多い。だからこれだけ出てきても、驚きはありません」

中学、高校の部活動の体罰を調査した関西学院大の冨江英俊准教授は、現状をこう嘆きます。

同准教授の調査（06〜07年）は、大学生560人余を対象にしたもの。75％が体育系大学生でした。

うち体罰経験者は中学で39・1％、高校44・2％。ともに4割ほどです。

その中身もすごい。「試合に負けて往復ビンタ」のほか、「イスを投げられた」「髪の毛をもって引きずり回す」「飛びげりされた」「首を絞められた」などの事例が並びます。

■密室が暴走許す

二つの特徴があります。

一つは野球、バレーボール、バスケットボールの団体競技に体罰が多いこと。「集団としてチームを統制する必要からで、今回の桜宮高校のように、見せしめ的なケースも多いようです」

もう一つは、「勝利至上主義・根性主義、民主的でない運動部ほど、体罰が多い」現実です。

とくに「指導者に誰も逆らえなかった」状況では、6割が体罰経験ありと答えています。部活動の非民主性と暴力が結びついた実態が見えてきます。

現場をどう改善すべきか。冨江准教授はこう指摘します。

「部活動が密室で行われ、指導者の暴走を許している。透明性、公開性が必要です。指導者は生徒や選手の自主性、自発的な力を引き出す民主的なあり方の追求が決定的です。女子柔道のケースをみると、これは学校の運動部だけの問題ではないと思う」

■「横から目線」で

民主的なあり方の好例としてあげるのが、12年のロンドン五輪で銀メダルを手にした、サッカー日本女子代表の監督と選手の関係です。

同代表・佐々木則夫監督のチームづくりを象徴するのは、「選手主導」「横から目線」の言葉です。

同監督は、08年北京五輪の経験から、「選手が自分で考えて成長することが大切」と「選手主導」にかじを切りました。

「北京では歓声で僕の指示が聞こえなくなると、選手で判断し状況を変えられなかった。もっと選手で判断できる力が必要」と、その理由を本紙の取材で語っていました。

その後、課題を投げかけ、選手同士で話をする。みんながビデオで研究するなどが、当たり前の光景になっていきました。

監督と選手もよく話し合います。それも上からでなく、「横から目線」で。

ロンドン五輪でキャプテンを務めた宮間あや選手がこう語っていたのが印象的でした。「監督は、『みんな、どう考えているの』とよく聞いてきます。だから抑え付けられているとか、上からという感じじゃなく、ともにチームをつくっている感覚です」

佐々木監督は13年1月中旬、体罰が問題になっている現状に心を痛めつつ、こう語りました。

「指導者が未熟だと、そういう方向へ走ってしまう。さまざまな分野を熟知して、指導の質を高めることが大事。選手たちの未来に触れていることを根本に考えれば、間違った事件が起こることはないと思う」

監督と選手の民主的な関係をどうつくるか――。体罰のないスポーツのカギがここにあります。

5　柔道事故に見る――指導という名の虐待

「早くしろ」

柔道場に顧問の怒声が響きました。

顧問と乱取りをしていた横浜市立奈良中学校の小林くん（当時、中3）は次の瞬間、その場にしゃがみ込むように崩れ落ちました。口は、けいれんし、指をもがくように動かし、まもなく目を閉じました。04年12月、クリスマスイブの午後の出来事でした。

■いまも残る障害

救急車で運ばれた小林くんは、急性硬膜下血腫と診断され、緊急手術を受けました。一命は取り留めたものの、高次脳機能障害を負い、いまも記憶障害など、生活上の困難を強いられていいます。

2人の乱取りは、すさまじいものでした。

元日本チャンピオンでもあった顧問は、柔道歴1年あまりの小林くんに対し、体落とし、足払い、内また、大外刈りなど次から次へと技をかけた後、絞め技で落とし、意識を失わせました。小林くんが正気を取り戻すと、またすぐに乱取りへ。帯がほどけ落ちるまで投げ、再び絞め技をかけました。

「絞め技は通常と違い、気管を絞める危険なもの。私たちは、顧問の一連の行為は、教育的な意味は何もなく、制裁を加えようとしたもので、事故の原因にもなったと、裁判で訴えたのです」。父の泰彦さん（66）は、唇をかみしめました。

判決では、泰彦さんの主張の多くが、認められました。

■突出した事故率

柔道では、練習という名のしごき、暴力まがいの行為が、事故に結びついたケースは多い。その多くは、脳に障害を残す重大事故です。1983年から29年間で死亡事故は118件。障害が残るけがは、275人に及んでいます。しかも、これは統計のある、学校だけのもの。「町の道場やクラブ、警察の道場などを加えたらもっと数は多いはず」。3年前、「全国柔道事故被害者の会」を立ち上げ、会長を務める泰彦さんは指摘します。

もう一つ注目すべき数字があります。それは、10年までの過去20年間の熱中症による死亡率。これも柔道が突出して高く、剣道の2倍、野球の2・7倍です。

分析した内田良・名古屋大大学院准教授は「柔道の練習のあり方までを含めた広い視野から検討されることが急務」(「柔道事故データブック2012」)としています。

柔道ジャーナリストの木村秀和さんは、こう解説します。

「事故の背景には、柔道の非科学的な練習、暴力体質がある。指導者や先輩にしごかれた末に疲労困憊《こんぱい》になって、受け身が取れず重傷になるといったケースも少なからずある。女子柔道選手の告発でもわかるように、指導者の暴力体質をどう変えるかは、柔道界にとって急務だと思う」

日本でこれだけ事故死があるにもかかわらず、欧米で事故死がないことは「被害者の会」の調査で明らかになっています。それを防ぐ手だてがしっかり整備されていること、英国やフランスのように指導者資格制度の下で教育されて指導者になるとともに、日本のような異常なしごきがないことも大きい。

「部活動の顧問や先生のような絶対的な体力、権力を持つ人が、弱者である生徒に対して行う体罰や暴力は、もはや虐待にほかならない」。小林くんの母・恵子さん(63)は、語気を強めます。「息子のような事故は、もうこれ以上、起こしてはなりません」。小林夫妻は声を合わせました。

6　脳科学から見る――脳を萎縮させる体罰

体罰を長期に受けた子どもの脳には、どんな影響が及ぶか――。これに世界で初めて答えを出した研究者がいます。福井大の友田明美教授です。脳科学から見た体罰の問題点とは何か。

――体罰を受けると脳にはどんな影響が。

子どものとき、長期に体罰を受けた人の脳は、萎縮します。感情や意欲にかかわる前頭葉の一部が最大で約19%、集中力や注意力にかかわる前帯状回が16・9%、認知機能にかかわる前頭前野背外側部が14・5%ほど、体罰を受けない人より小さくなっていました。米国のハーバード大医学部と共同研究し、4年前に発表したものです。私は、直接、スポーツ指導者の体罰を研究したわけではありませんが、共通する部分は多いと思います。

■自発性をも奪う

――脳が萎縮した場合には、どんな問題が。

前頭葉は、思考や自発性（やる気）、感情、理性などの中心で、人間が人間になるための大事な部分です。これが体罰によって、育っていかなくなります。中でも影響を受けるのが前頭前野で、学習や記憶をつかさどる部分。さらに本能的な欲求や衝動を抑える機能が影響を受け、犯罪を繰り返すようなことになりかねません。例えば、スポーツの指導者は、「士気を高める」という理由で、子どもを体罰で追い込みます。それは、脳科学的にいえば、逆に自発性、やる気をそぐ行為であることも知るべきです。

――体罰で脳が萎縮するのはどうしてですか。

虐待や体罰で脳が、ストレスホルモンを大量に分泌し、脳の発達を一時的に止めてしまうからです。以前に受けた体罰を思い出し、うつ状態となり、脳の萎縮が始まることすらあるのです。

――体罰には、プラス効果があるとする意見もありますが。

しつけ、教育効果がある「体罰」があるとします。一方には、感情のはけ口など問題ある体罰、虐待がある。では、その境界線は何か。だれが決めるのか。安倍首相ですか、文科省ですか？ だれも決められない。明確な線はだれも引けません。虐待をする親も「しつけのため」といって、体罰をします。いい「体罰」があるという考え方は、改めるべきだと思います。

■ストレス3原則

――大阪・桜宮高のケースをどうみますか。

自殺した主将は、もう無理というサインを送っていたはずです。それを先生は見抜けなかった。彼は急性のうつ状態にあったと私はみています。カウンセリングができていればと悔やまれます。

子どもはうつになりやすいのです。二つのうつ度の敏感期があります。一つは5～7歳の時期、もう一つは15～17歳。この時期の脳はストレスに弱く、容易に心が折れ、自殺も多い。スポーツ指導者はそうした特性も踏まえて指導すべきです。

とくにいまの子は、ストレスに弱い。昔は、きょうだいが多く、たくましかったが、いまは少子化で親の過干渉によって育っているからだと思います。

――対策はありますか。

ストレス3原則というのがあります。おとなも含め、どんな社会や集団にも通用する原則です。

一つは、要求度の高低です。仕事や成績にたいする高い要求はストレスを高めます。

二つ目は、融通性や自由度の有無です。仕事で、その人が任されている部分、裁量権がどれだけあるかが、ストレスの有無に影響します。

三つ目は、上に立つ人の理解やサポートです。会社の上司が、下の人を理解し、守れるかどうか。お前が失敗しても、俺が責任を取るといえるかどうかです。人は上司に認められないだけで、ボロボロになるほど、その影響は大きいのです。

これらは、スポーツを指導する人も踏まえるべきだと思います。

7 〝再生産〟の構図――自らの体験を正当化

「基本的には（体罰）反対だが、ある程度なら許容できる」――。奈良教育大学の高橋豪仁《ひでさと》教授が同大学の大学生278人を対象に行った調査（06年）で、体罰を容認する回答が多く寄せられました。

授業で体罰問題を扱う高橋教授は当初、学生に「消極的でも認める者に教師の資質はない」と言っていました。しかし、容認派はあまりに多い。「どうしてそうなるのか、知らないといけないと思うようになった」のが調査のきっかけでした。

■半分が消極容認

その結果、体罰を完全否定する人は約半分でした。残りの半分が消極的容認派で、「常識の範囲内（ビンタや小突くくらい）ならやむをえない」（12人）、「信頼関係があれば体罰も許される」（12人）、「口でいって聞かない場合は仕方がないと思う」（10人）、「本当に悪いことをしている場合は最終手段として用いてもよい」（9人）などがその理由でした。

大きな特徴は、体罰を経験した学生はそれに肯定的になることでした。とくに、高校時代に体罰を受けた者はこの傾向が強い。41・7％が積極的にその必要性を認め、「必要ではない」との回答は20・8％しかありませんでした。ここには自らの体験を正当化することで、体罰が〝再生産〟される構図が見えます。

暴力によって耐えられない屈辱を受けたにもかかわらず、体罰を肯定するのはなぜか。それは、「学校部活動というコミュニティーで認められるためには受け入れないとやっていけないからだ」と高橋教授は説明します。「体罰を否定したら自分の人生も否定されてしまうと感じるのでしょう」

部活動で横行する体罰は「団結力が強まる」「やる気が起こる」という声もあります。「愛があればいいのではないか？」という意見も多い。しかし、有形力の行使＝暴行である体罰によって、生徒がけがを負ったり死に至ったりする事故が後を絶ちません。桜宮高校の体罰自殺問題を調査した外部監察チームは、「顧問は単に怒りに任せて暴力を加えたとの評価は免れない」と報告書で断罪した部分がありました。

「指導者が体罰をふるう理由は〝腹が立つから〟と聞いたことがあります。それが本音でしょう」と高橋教授も指摘します。「たとえ体罰が怒りの感情からではなく、勝つために有効な手段として子どもたちに反省を促す効果があったとしても、〝人として許されることなのか〟を問い続けるべきだ」と訴えます。

■本音で語り合う

部活動やスポーツ界で引き継がれる体罰の連鎖。どうやって断ち切るのか。「一番は対話です」と高橋教授。「体罰を肯定する人も含めて話し合い、〝どうしてそう思うのか〟と相手の考え方を理解しながら、歩み寄っていくしかない。そこから解決の糸口が見えてくるのではないか」。本音で語り合うことが、変化を生みだす一番の力だと期待します。

8　暴力はねのけ――結束力で強くなる

生徒と親がスクラムを組んで、体罰を行う顧問をやめさせた――。そんな事例が大阪市でありました。

同市内に住む立川孝信さん（64）は、長女（35）の高校時代、所属していたバレーボール部で体罰を受けていることを打ち明けられました。

長女が府立高校の2年生のとき、バレー部は新しい顧問になりました。顧問は「おれが引き受けるからには覚悟してついてこい」と、部員に話したといいます。

■部活が怖かった

練習では暴力や、しごきが繰り返されます。「仲間が殴られて涙している姿はつらかった。部活に行くのが怖くなった」と長女は話します。

暴力はいやだと思いながらも、仲間のなかでは意見が割れました。「殴られて強くなるというメンバーもいましたが、殴られてまでやらなくちゃいけないのかと話し合い、顧問の先生に暴力はやめてほしいと話しました。でも、聞く耳をもってもらえなかった。それで親に相談しました」

孝信さんらの助言で、暴力の様子を部員で出し合って克明なメモをつくりました。

「『何発も殴られたのはおまえが殴るのを手で避けたからだ』と先生が言った。『思わず避けてしまいました』と答えると『殴られるときは手を後ろに回して歯を食いしばるものだ』と言われた」

「Tさんのアタックが先生の思うように決まらなかったため、1人で何回もアタックを打たされた。その後、（顧問が）背後からTさんのお尻を蹴った」

「Kさんが集合をかけたとき『遅い』と言っていきなりKさんを殴った」

相談を受けた孝信さんは、「学校でこんなことが起きているなんて本当に驚きました。スポーツと暴力は相いれない。すぐに行動しました」

保護者と連絡を取り話し合います。しかし親の間にも体罰を肯定する意見がありました。「少々の体罰は、強くなるためには仕方ない、というのです。その親とはよく話し合いました。私以外にも、暴力はダメだという親がいてくれたので、最後は、絶対にあかんということになった」といいます。

■保護者が要望書

孝信さんたち保護者は、校長と顧問に暴力をやめてほしいという要望書を提出。すると顧問は「当たり前の指導だ」と体罰ではないと強弁しました。校長も「顧問がいないとクラブ活動はできませんよ」と、教師の体罰を改めるような指導はありませんでした。

粘り強く交渉を重ねるうちに、顧問が自ら部活動を辞めます。しかし、顧問が不在のため、学校では活動ができず、公園などで練習を重ねました。

その後、部員たちは顧問になってくれる先生をさがし、頼みこみました。バレーボール経験がない先生。練習は自分たちで自主的に行いました。

大会にも参加できるようになり、好成績をおさめました。「結束力で強くなろうと、自発的に練習に励み、頑張った結果」と長女はいいます。

「子どもを信頼して自主性、向上心をどうひきだしていくのか、そこを考えるのが教育ではないでしょうか」と孝信さん。「桜宮高校バスケ部のキャプテンが自殺してしまったことを思うと心が痛みます。桜宮だけではなく教育現場に、まだ教師や上級生からの暴力が残っている。親も教師も、そして子どもたちも、一緒になって、学校全体で、体罰はダメだという雰囲気をつくることが大事だと思います」

9　教師の悩み——ほしい議論の場

バスケットボール部のキャプテンが、顧問の体罰を苦に自殺（12年12月）した大阪市立桜宮高校。今回の問題が発覚する前にも、教職員で運動部の体罰が、問題になったことがありました。11年夏、バレー部の顧問の体罰が発覚し、3カ月の停職処分になったときのことです。教員の間で、「体罰はすべきでないという発言はあったが、少数にとどまっていた」。同校の実情を知る人は、声を落とします。

13年2月14日、ある集会がありました。体育教師でもあった森川貞夫さん（日本体育大学名誉教授）は、体育教師が、管理教育の先頭に立たされている実態を告発しました。

「学校現場で管理主義的教育が進むにつれて、管理職から、体育教師は生徒を押さえつける役目を任されるようになりました。生徒を抑えられない教師は批判される。それは強者による管理社会であって、民主主義を教える教育の理念とは決してなじまないものです」

■管理より自発力

桜宮高校でも、主に体育教師が、学年主任や生徒指導に任命されていました。「生徒も先生も管理するような体制になっていた」と、先の関係者は語ります。これに加え、職員会議が、上からの伝達機関的なものになり、先生同士の議論が大事にされない状況が、影を落としていたといいます。

教育法学・教育行政を専門とする新潟大学の世取山洋介《せとりやまようすけ》准教授は、だれでも物言える風通しのいい職場、学校づくりの必要性を指摘します。

当時所属していた研究会が１９８６年から87年に行ったアンケートで、東京都、埼玉県、茨城県の小中高校の教師約５８０人から回答を得ました。その結果、体罰の絶対否定を決めた学校は二つのタイプに分かれていることがわかりました。一つは、校長など管理職が主導した学校。もう一つは、職員会議の総意で決定したところです。

一見すると、どちらも同じように体罰を否定しています。しかし、その内実には、大きな違いがありました。

本音を聞いたところ、校長主導の学校では、63％の先生が、体罰の絶対否定ではなく、「原則」否定と回答。一方、職員会議の総意で体罰を否定した学校では、73・６％もの教師が、絶対否定と回答しました。

「管理職の押し付けでは、先生は納得していない。どんな優れた教育的命題も教師が自発的に納得しなければ、学校には根付かない。民主的な学校運営が、体罰をなくすための重要な要素です」

■希望ある変化も

いま桜宮高校では、大きな変化が起きています。「二度と生徒が命を落とすようなことがあってはいけない。体罰を一掃して、新しい桜宮をつくろう、という議論がわきおこっている」と、先の関係者は話します。

世取山さんは、これからの桜宮高校に一縷《いちる》の望みを託します。

「生徒が命を絶つ不幸な事件に直面したとき、結果責任だけを問い、関係者をすべてどこかに飛ばすのは間違っています。子どもたちの声を基礎にしながら、教師が横に連帯して体罰のない部活、学校をどうやって作っていくのか。泥沼をはってでもやり抜いてほしい。彼らこそが、新しい学校を作れる主体だからです。もし、自治の力で本当に民主的な学校に変えられたなら、日本の教育へのこんなに大きな貢献はないと思います」

10 政界から容認発言——〝有形力〟のごまかし

部活動で相次ぐ体罰を機に議論が起こるなか、見過ごせない発言も目につきます。

13年2月9日、伊吹文明衆院議長は自民党のある会合で、「体罰を全く否定して、教育なんてできない」と言い放ちました。

文部科学省の義家弘介政務官は、大阪・桜宮高校の体罰死にかかわる視察中の1月、こんな発言を繰り返しました。「強くなるための部活の体罰は一定ある」「ありうる体罰とそうじゃない体罰の線引きが必要」

1月24日、衆議院で日本共産党の宮本岳志議員が発言の撤回を求めたものの、応じることはありませんでした。

この2人は、第1次安倍内閣の文部科学大臣と、教育再生会議のメンバーでした。同会議では、「いじめ」とともに、校内暴力などの問題行動にどう対処するかが議論のテーマになりました。しかし、現在の体罰ができない「がんじがらめ」の状態では「適切な指導ができない」という認識で、生徒を力で抑えつける発想がその基調でした。議事録にはこんな議論があります。

「特別な学級をつくり教員を配置し、柔道や剣道など、体育の時間を通じ徹底的に指導を続ける」「そういう人（柔道や剣道の先生）が3人くらいいれば絶対大丈夫」「その後、素直に言うことを聞かせるやり方はある」

■禁止骨抜き通知

文科省は07年2月、教育再生会議の意を受け、学校教育法の体罰禁止を骨抜きにする通知を全国の教育委員会に発しました。それは、体罰禁止といいつつ、「有形力の行使」を教員らに認める矛盾したものでした。

有形力とは、「目にみえる物理的な力」。体罰より小さい物理的な力との意味あいながら、体罰とほぼ同義の言葉です。

名古屋大学の中嶋哲彦教授（教育行政・教育法）は説明します。

「学校教育法第11条は、懲戒としての体罰を明確に禁止しています。また、政府が1948年に示した体罰のガイドライン、『児童懲戒権の限界について』（旧法務庁法務調査意見長官回答）では、殴る、けるはもちろん、長時間の正座や立たせることなど、生徒に身体的苦痛を与えることを体罰として禁止しました」

しかし、東京高裁は81年、口頭の説教で生徒に訴える力に乏しいときは、教師は有形力を行使してもよいという主旨の判決を出しました。文部省（当時）も、この判決を受け、体罰禁止だが、有形力の行使は許されると言いだしました。これを認めたことで、体罰禁止があいまいになっていきました。

中嶋教授は「文科省のこうした姿勢が、現場である程度の暴力は許されるとの雰囲気を助長したのではないか」と指摘します。

■国際的批判にも

10年の「第3回政府報告審査後の国連子ども（児童）の権利委員会の最終見解」も、有形力行使を容認した判決や政府の態度について、「体罰の禁止が効果的に履行されていない」と懸念を表明し、「全ての体罰を禁止することを差し控えた1981年の東京高裁によるあいまいな判決に懸念を持って留意する」と改善を勧告しました。07年の通知の問題性も浮き彫りになったものの、文科省は改める姿勢はありません。

中嶋教授は語ります。

「体罰や有形力の行使を認めることは、力で押さえ屈服させ、恐怖によって支配するに等しい。豊かな人格形成を目指す教育の目的とはまったく違うものです。体罰や有形力行使をやめることで児童、生徒を諭し、心を動かす、本当の意味の教育ができるのだと思います」

体罰を一掃するため、政治の姿勢が鋭く問われています。

11　立ち上がる保護者――改革を自分たちの手で

「体罰をなくす取り組みを完全に成功させ、全国に先駆けた結果を得ることが、亡くなった生徒への追悼でもあり、責任でもあると信じます」

生徒、保護者、卒業生らでつくる「桜宮高校から体罰をなくし、改革をすすめる会」(「すすめる会」)が、教育委員会や同校にあてた要請書です。

大阪市立桜宮高校バスケットボール部の主将が、体罰を苦に命を絶ってからほぼ2カ月。学校はどうあるべきか、それぞれが、どう責任を果たしていくのか――。生徒や教員、保護者らによる話し合いが続いています。

「保護者が自ら動き始めたことは、非常に大きい」。こう話すのは伊賀興一弁護士です。桜宮高校とは縁がなかったものの、いまは「すすめる会」の仮代表です。

■強権的やり方に

きっかけは、橋下徹大阪市長が「桜宮高校の体育科入試を実施したら、予算の執行を停止する」と言い出したこと。「この発言は違法そのもの。こんな強権的なやり方は許せないと思った」と語ります。弁護士仲間に声をかけ、入試中止に反対する声明を発表。生徒、保護者、教員、地域で話し合い、声をあげようと呼びかけました。

この動きは、保護者らの思いと共鳴しました。一人ひとりの思いを出し合おうと開いた1月末の会合に、予想を超える170人が集まり、部屋からあふれた人が、廊下で耳を傾ける姿もありました。

「何をしたらいいのか。個人では限界がある。少しのきっかけをいただけたら」「自分らで改革案を出すのが大事。学校に話を聞いてほしいと言おう」という保護者。「在校生を励ましたい」という卒業生らもマイクを握りました。一方、「実際に体罰があった。でも強くなれた」「体罰を受けたが桜宮が大好き」と卒業生から体罰の事実が語られる場面も。

共感を呼んだのは、サッカー部の生徒の父親による発言でした。「わたしは、多少の体罰はあってもいいと思っていた。でも、今回のことで考えが変わった。親が子どもらに、桜宮を変えるとの思いを発信していこう。体罰根絶の原点をここから発信しよう」

話し合いは4時間に及びました。そして翌日も翌々日も父母が集まり、体罰や学校のあり方をめぐって、話し合いを続けました。毎回、新しい人が増えるたび、立ち戻ったり、認識を一致させながら。

■思いを出し合い

「お互いの率直な思いを出し合ったことが力になった。生徒が主人公だと共通の理解になり、自分の子どもだけでなく、桜宮のすべての子どもたちの声に耳を傾けようとなっていった」と伊賀弁護士。こんな悲しい思いをしないため、体罰のない学校をつくるため、みんなの気持ちが一つになっていきました。

話し合った中身を要請書にまとめ、教育委員会や同校に届けました。体罰をなくす一員として、生徒、保護者を位置づける▽在校生に対するバッシングからの保護▽教員は改革のなかで責任をはたすべき、総入れ替えはその障害。これにたいし教育委員会は、学校運営について、市民や保護者の協力を得てすすめていく、という趣旨の回答を寄せました。

伊賀弁護士はいいます。「橋下市長は、学校や当事者に自浄能力はないといいました。しかし、それは違う。それぞれに考え方も違い、まとまるには紆余《うよ》曲折《きょくせつ》がありますが、上からの押し付けではなく、当事者の主体的な変革の行動に依拠することが、真の改革の力になる」

いま、生徒と父母らは手を携え、ともに前に歩もうとしています。

12 立ち上がる選手たち――「全員で議論しよう」

13年2月19日、「アスリートの尊厳を守るためのシンポジウム」（日本スポーツ法学会主催）が、参院議員会館で開かれました。

研究者や弁護士が、日本のスポーツ界の抱える問題点を指摘するなか、元アスリートの訴えが共感を広げました。

「スポーツ本来の価値は、人間が自主的に成長し、たたかいを挑むところにある。外からの力で能力を高めようとする体罰は、ドーピング（禁止薬物使用）に近い。それでスポーツの中心にある価値に到達することができるだろうか」

01年と05年の世界陸上男子４００メートルハードル銅メダリストで12年引退した、為末大《ためすえだい》さんの問いかけでした。

■変革を迫られる

桜宮高校の痛ましい出来事をきっかけに、日本のスポーツ界が変革を迫られています。横行する指導者の体罰や暴力。日本のスポーツ界に巣食う遅れた体質を変えようと、多くのスポーツ関係者が立ちあがっています。

「体罰はスポーツでもっとも恥ずべき卑怯な行為」という、元プロ野球投手の桑田真澄さんは、その代表的な一人です。日本オリンピック委員会（ＪＯＣ）をはじめとするスポーツ団体、弁護士や女性団体、労働組合も、そのあり方に意見表明するなど、社会的な関心が広がっています。「すべてのスポーツにおいて、暴力やハラスメントが入りこむことに断固として反対します」と、前監督の暴力行為を告発した柔道女子15選手による主張が、事態を動かしています。

しかし、現実に日本の〝体罰信仰〟は、根強い。2月18日、為末さんらが代表理事を務める団体が開いた勉強会には、現役選手を含む40人が参加。そこでは「保護者が同意しているなどの条件下では」体罰賛成との声も多く出されました。

桑田さんが4年前に調査したプロ野球選手（５５０人）のアンケートでも、「体罰は必要」「ときとして必要」の回答が、83％にのぼっています。

体罰を受けた経験は、時間がたつと美化され、繰り返される。そんな「特性」も、この問題の解決を難しくしています。

■問題性に気づき

この問題とどう向き合い、克服するか。日本のスポーツ界にとって、避けることのできない課題です。ヒントは桜宮高校の「体罰をなくし、改革をすすめる会」のとりくみにあるように思います。

会では、体罰の是非について、何度も議論を重ねています。その中で体罰に批判的ではなかった人も、問題性に気づき変化してきています。

なぜ体罰がいけないか、どんな問題があるか、本来のあり方は何か。徹底した議論をいろんなレベルで行う必要性について、声が上がっています。

桑田さんはこう呼びかけます。「スポーツに携わる人全員で議論しよう」「子どもたちの育成にかかわる指導方法を考えていこう」

スポーツの自主的民主的なあり方を追求する新日本スポーツ連盟の和食昭夫理事長は言います。「市民スポーツも含めて、すべての競技団体が、スポーツ指導から暴力を根絶する指導理念を確立すること。そして、すべての段階で討論することを呼びかけたい」

柔道金メダリストの古賀稔彦さんは、「柔道のすべての大会で、指導者の体罰、暴力をやめようと宣言することを提案したい」と話しています。柔道にとどまらず、これもすべての競技で検討していいものです。

日本のスポーツが抱える「悪弊」と、どうたたかうのか。スポーツ団体が、その社会的使命を果たす上でこれからが、がんばりどころです。

〈読者の声・反響から〉

●長時間の練習でけがをし、暴言を浴びた孫

部活について、前からすごく疑問に思っていました。いまは中3の孫が所属していた陸上競技部のことです。朝練、夕練、土日は遠くの競技場に現地集合。あまりの過激さに保護者説明会がもたれましたが、塾にも行かせたいといった保護者に「いつでも休んでもらって結構ですよ。部活を休んで成績が上がった生徒は一人もいません」と威圧的で横柄な態度でした。それでも孫は必死についていっていましたがある時、試合前の練習時に靭帯《じんたい》を切る大けがをしました。その孫に、顧問は持っていた書類を投げつけて「俺の言うことを聞かないからやろ」と怒鳴ったそうです。すぐに迎えに行き、整形外科でギプスをしてきた孫に、顧問はまた「なんでギプスなんかしたんや。そんな医者はヤブや。おれの知っているよい医者に替えろって、お母ちゃんに言うとけ」と怒鳴ったそうです。ギプスをして走れないまま、孫は何日も見学していましたが、「まだギプスが取れんのか。もうとっくに治ってるはずや。よっぽどヤブやな。やる気ないんやったらやめろ。帰れ！」と怒ったそうです。私は横からハラハラしながら見守ることしかできませんでした。こんなクラブ活動はおかしいと思います。（大阪・大西春美《おおにしはるみ》）

●13年のたたかいで公務災害認定

中学校教諭だったおいの鳥居建仁が学校祭の最中に倒れ、身体障害1級になり、最高裁で公務災害認定を得るのに13年の歳月がかかりました。陸上にはまったく縁のなかったおいが、部活動で休みもなく、3年連続全国大会出場をめざす最中の出来事でした。教員がこれほどまでに大変な状況下に置かれているとは、まったく知りませんでした。部活動指導後に多くの教員が職員室に残って仕事をし、出勤簿はあっても労働時間を把握できるものがなかったのですから、驚きです。判決で「勤務時間外に勤務を命ずる旨の個別的な命令がなかったとしても、それが社会通念上必要であると認められるものである限り、包括的な職務命令に基づいた勤務時間外の職務遂行と認められる」と明確に断じました。過労死等防止推進法が制定されて2年が経過し、国は「過労死等の防止のための対策に関する大綱」を閣議決定しました。過労死等が多く発生している職種として特に教職員があげられていますが、在職中に年間500人から600人も死亡するという現状は、部活動に追い回され、長時間過密労働であることと切り離せない関係にあると思います。おいのように過労で倒れてはなりません。まして過労死など決してあってはなりません。国・教職員・保護者が一体となって部活動の過熱ストップを！　と叫びたいです。（愛知・杉林《すぎばやし》和子《かずこ》）

●入るも入らないも、三つ入るのも自由！

今いる北星学園余市高校は、部活も自由です。入るのも入らないのも、三つ入るのも自由です。長期休みは生徒が帰省するので、部活がありません。私がいるのは書道部です。書道の先生は札幌で教えていて、毎週金曜日だけやってくるので、「他の高校は毎日やってるけど、だからといって負けたくないなあ」ということを言っています。私は31歳で高文連の書道展に出てきました。書道部はおやつがあって居心地がいいので、いろいろな人がやってきては書を書いていきます。いつぞやは、先生がストーブをつけてお餅を出してきて、磯辺焼きを焼いてくれました。先日、毎週来る先輩（書道部ではない）が書を書いていたら、先生は「そうそう、この間のよかったから、書道展に出しておいたよ」と言っていました。書道室の壁は全面、過去何年かわからない来訪者の書が飾られています。（北海道・紙谷奈津子《かみやなつこ》）

●授業よりやりがいを感じてしまうのか

初任者研修も通常業務もある初任の教員は地獄だ。そんな大変な時でも、部活動なら子どもたちがついてくるので、授業よりやりがいを感じるのではないかと思う。外部指導者も問題がある。バレーボール部の外部指導者で、スパルタ式でピンタを打つ人がいた。サーブを1回失敗したら1発、3回失敗したら3発。ビンタを打たれると、その場では効き目があってミスをしなくなるので、「やっぱり体罰は必要だ」となってしまう。しかも教員は「体罰」をしても異動になるだけだったり。大阪の桜宮高校のように誰かが犠牲にならないとわかってもらえないのかなと思ってしまう。子どもたちもそれを受け入れてしまって、卒業する時は厳しかった教員の前で泣く。優しい教員は部活や今の学校では生きづらい状況。社会全体が厳しいからだろうか。実は自分自身も若い時、子どもが言うことを聞かないときは怒鳴っていた。どういう指導をするのか周りから見られているから「ここは締めないと」みたいな気持ちもあった。（鹿児島・中学校教員・男性）

●親として苦しくてしょうがない

長女がバレーボール部。子どもに負荷がかかっているようで、親としてとても苦しくてしょうがない。土日は朝6時から夜の7時、8時まで。部員が6人ぴったりなので休めない。本人は楽しくてしょうがないみたいだけれど、土日もびっちり部活に拘束されるってどうなのか。長女がそういう状態なので、家族で出かけることもできない。下の子ども2人も連れてキャンプにも行きたいが、「私を置いて行けばいいじゃない」といわれる。親も大変。お弁当を作らなきゃいけないし、毎週他校に行く交通費も馬鹿にならない。「子どもたちが楽しんでいるからいいじゃない」で終わってしまっていいのだろうか。（東京・男性）

●「競争社会」に組み込まれているから

なぜ長時間になってしまうのか。それは部活が日本のスポーツの「競争社会」にしっかり組み込まれているからです。その結果、部活でいい成績を上げることが期待されているのです。それは学校にとっても、そして「上手な子の保護者」にとっても。その期待を顧問は「裏切れない」「応えざるを得ない」「できるだけ応えようとする」というようなことになり、そのために長時間につながる〝努力〟をするわけです。学校に行くとよく見かけると思いますが、「○○部優勝」「△△さん優勝」と垂れ幕が下がっています。これがこの学校だ、といわんばかりに。そのような〝売り出し〟に部活が使われているように思います。日本のスポーツが部活に依存しているのが実態だと思います。外部の人に部活を託すようなことをしても、その体質が変わらない限り、「競争のために無理をする」という力学が働くのだと思います。（埼玉・元中学校教員・男性）

●部活を支えに登校していた

私が中学の時は、部活は必ずどこかには所属しないといけないもので、体調不良から冠婚葬祭以外で休むなんて考えられないものでした。吹奏楽部で演奏が大好きでしたので、部活が休みの時も音楽室で自主練をしていたので、部活がある方がうれしかったのですが、自主活動なのだから休みも必要なのかなと今は思っています。ただ私自身、クラスでのトラブルなどから部活を支えに登校していた時期もあり、学校生活の中では「自主活動」という一言では片づけられない重要な位置を占めている部分もあるかと思います。自身の子どもたちの部活を見ていると、私のころよりは、遊びや家族との用事でも休める雰囲気があるように思いますが、部活によってはやはり休めないところもあるのだろうと思います。何にしても、先生も生徒も保護者も負担にならない活動にしていくことが必要に思います。（大阪・大川久美子《おおかわくみこ》）

●良い教師と評価されるから……

部活が過熱している現状にはいくつかの要因があります。その一つに、教師が部活で良い成績をとれば、良い教師と評価されることがあります。だから、休みも返上して家庭も顧みず頑張る人が出るのです。それがまた出世につながるのです。管理職になる近道になっているのです。二つ目に、親の自己満足があります。自分の子どもが活躍する場を見たい。だから車を出す。朝練に連れてくる。遠征にもついて行く。勝てば祝勝会を開く。後援会を作りお金の援助をするなど。こうまでされればやらなくちゃと思うのが人情ですね。それが過熱へとつながります。三つ目は、私の中にもあるのですが、この子が一生の中で活躍するのはどの時点かわからない。もしかしたら今かもしれない。なら今活躍できるよう精いっぱい練習させ、勝利に導くよう力を入れてやろうじゃないかと思うのです。仮に肩が壊れても、今が彼の活躍の一番の場ならそれでいいじゃないかという思いがあるんです。おかしなことです。もしかしたらおとなになって活躍するかもしれないんです。その芽を摘む権限は誰にもありません。部活は学校から切り離すべきでしょう。（青森・元小学校教員）

●1年生が部活のストライキを敢行!?

今から29年前、長女が中学に入学し、部活はバレーボール部を選びました。1年生はボール拾い専門で、ほかの活動はさせてくれませんでした。そこで1年生は「こんなことはおかしい。トスやレシーブ、サーブなどやりたいじゃん」と相談をして、部活のストライキを敢行しました。どのくらいの期間のストライキが続いたか覚えていませんが、顧問の先生もびっくり仰天して、生徒の意見を取り入れ、全員が平等にボール拾いからトス、レシーブ、サーブができるようになりました。残念ながらこのチームは3年間で1勝しかできませんでした。だからといって、勝利至上主義でないからこんなぶざまな成績だ、ということにはならないでしょう。部活の朝練は親も反対したことがありますが少数で、朝練はその後20年以上続いています。先生、親、生徒の負担は大変です。（長野・寺村《てらむら》駿兵《しゅんぺい》）

●特待生だったバレー部の女子生徒は……

30年ほど前、私立高校に就職2年目で1年のクラス担任になった私に、年配の教員から「あなたのクラスのバレー部の子、やせてきているのでは」と声をかけられました。聞けば、部員の大半の生徒が寮生活で、自宅生の彼女は他の部員のユニホームの洗濯や氷水の用意などの雑用に深夜まで追われていると。彼女は、連日私のところに来ては部活の悩みを話すようになりました。土日も休みはなく、日曜日は午前から始まった練習が午後も顧問が納得するまで終わらない。体験入学では優しかった先輩がどうしてこうも人が変わるのか……。中学までは小規模校で仲良く楽しいバレーをやってきたという彼女は、バレーの特待生で入学したことに葛藤しつつ1週間後、「自分がやりたかった部活と違う」と退部。卒業時「あの時は話をきいてくれてありがとうございました」と手紙をくれました。ただ、学校の生徒募集の目玉だった部活で、顧問の教員にも悩みはあったと思います。学校全体で部活のあり方を考えることが必要だったのではと、今も気になっている出来事です。（岩手・50代女性）

●部活には自由と自治が大事

全教の小畑雅子さんの記事に、元中学校教師として、多く共感しました。部活については思うところが沢山ありますが、私が大事だと思うのは、基本的なこととして、自由と自治だと思います。それは、子どもにとっても教師にとってもです。部活には入ってもいいし入らなくてもいい、担当してもいいし担当しなくてもいい、今無い部活は作ってもいい、中身が良くなければ変えてもいい、もちろんやめてもいい、そういう自由です。自治というのは、そこにかかわる人たちが、誰かに言われてそれに従うのではなく、自分たちで決めて自分たちで実行していくことです。活動日や時間をどうするか、どんな目標を設定して、どんな頑張りをするかなど。難しい問題はいっぱいありますが、そういうことを大事にしていくことが、子どもたちの人間的成長につながるのではないかと思います。地味だけれど多くの人にとって身近で大切なテーマです。自由と自治について書きましたが、それは、現状の中でのことであって、学校と社会・暮らしの状態を改善することと結びつかなければならないとも思います。現状のまま、すべての教師が部活から手を引いてしまってよいのか、すべての子どもが部活をやめたら子どもたちに何が残るのか。実際にはあり得ないことだとしても、理論的にはあり得ることです。僕は部活は嫌いではなく大好きです。生徒・学生だった時も、教員時代も、部活から離れたことはありませんでした。だから、部活をやるからには、部員も顧問も、十分な条件や自由が保障された中で、自らの意思でしっかりやっていくのが本来の姿であり、日本の学校もそうなってほしいです。（東京・元中学校教員・横森茂樹《よこもりしげき》）

●高校野球は「部活」の結果なのか？

先日夏の高校野球の各県代表校が発表されました。各校ともよく頑張ったと思いますが、今論じられている「部活」の結果なのか、また、紙上で論じられている程度の活動で、代表になれた高校があるのだろうかと、ふっと思いました。部活本来の姿は、「自由に参加し、楽しむもので生活にゆとりと精神の自由をもたらし……」ということのようですが、恐らく自由に参加し、楽しむことが許されるような部活動では県代表にはなれないでしょう。私自身は、柔道部に中高と属し、県大会は当たり前、関東・全国大会に出場した歴史のある高校で練習に励みました。上下関係は明確、練習は血を吐く厳しいもので退部など許されるものではありませんでした。考えてみると、同じ部活でも美術部や音楽部の、いわゆる文化部と運動部とは同じには論じられないのではないか、また、1回戦で敗退する程度の活動で許される部活と、県はもとより全国大会まで出場する部活は同じレベルでは考えられないのではないか、と思うのですがいかがでしょうか。文化系の部活で体罰や暴言は余り聞きませんが、体育系の部活では少なくありません。いわゆる部活の内容によって、その練習の質や量等、多様です。それを同じ「部活」という枠内で論じること自体に困難さを覚えます。今回代表になった各高校の練習は文字や語りでは尽くせない厳しい試練を乗り越えてきて得たものでしょう。もし、本来の部活の姿の範囲内での練習しか許されないとされるなら、県代表選手のような素晴らしい演技は期待できないでしょう。2点目は、指導者の問題です。指導者の意識改革しかないと断言された大分の工藤英士さんに同感です。高校野球で優勝した監督がいつも最後に言う感謝の言葉に「子どもたちが頑張ってくれた」という一言があります。箱根駅伝で有名な大学の監督も同じように「子どもたちが頑張ってくれた」といいます。高校生や大学生を「子ども」といいます。高校生や大学生は子どもでしょうか？　意識改革の原点は、中学生も高校生も一人ひとり個性ある独立した大人であるという捉え方の意識変革をしない限り、暴言や体罰は無くならないし、個々の選手に対する尊重も生まれません。指導者の意識変革の源はこの一点に尽きます（神奈川・山口勝弘《やまぐちかつひろ》）

〈資料1〉

運動部活動の在り方に関する総合的なガイドラインの作成について（案）

趣　旨

運動部活動の運営の適正化に向けて、練習時間や休養日の設定、指導の充実、部活動指導員等の活用などについて考慮が望まれる基本的な事項、留意点をまとめた「運動部活動の在り方に関する総合的なガイドライン」を作成し、周知徹底を図る。

ガイドラインの内容

①　練習時間・休養日の設定等

運動部活動等に関する実態調査、運動部活動に関するスポーツ医・科学的調査研究、教員勤務実態調査、全国体力・運動能力、運動習慣等調査の結果等を踏まえて検討

②　指導の在り方

「運動部活動での指導のガイドライン（平成25年5月）」作成後の体罰等の実態を踏まえ、必要な見直しを検討

③　部活動指導員の活用に関する留意事項

部活動指導員に対する研修の内容等について検討

④　今後の運動部活動の運営の在り方

「持続可能な運動部活動」を見据えた、多様なニーズに応じた部活動運営（部活動のサークル活動化、市町村単位による部活動、総合型クラブとの連携、民間事業者の活用等）、年代別大会への地域クラブの参加などについて検討

スケジュール

時期	検　討　会　議	
5月	第1回	ガイドラインの内容及びスケジュールについて
7月	第2回	指導の在り方について、部活動指導員の活用に関する留意事項について
9月	第3回	今後の運動部活動の在り方について
10月	第4回	
11月	第5回	練習時間・休養日の設定等について
12月		（「実態調査」、「スポーツ医・科学的調査研究」等の分析結果を基に、練習時間・休養日等の設定（案）を作成）
1月	第6回	
2月	第7回	ガイドライン（案）について
3月		ガイドラインとりまとめ、公表

〈資料2〉

部活動指導員の概要

1．学校教育法施行規則の改正の概要

中学校，高等学校等において部活動の指導，大会への引率等を行うことを職務とする部活動指導員について，規定を整備する。

> 第七十八条の二　部活動指導員は，中学校におけるスポーツ，文化，科学等に関する教育活動（中学校の教育課程として行われるものを除く。）に係る技術的な指導に従事する。
>
> ※義務教育学校の後期課程，高等学校，中等教育学校並びに特別支援学校の中等部及び高等部へは本規定を準用。

2．部活動指導員の職務

（1）部活動指導員は，学校の教育計画に基づき，生徒の自主的，自発的な参加により行われるスポーツ，文化，科学等に関する教育活動（学校の教育課程として行われるものを除く。）である部活動において，校長の監督を受け，技術的な指導に従事する。

（2）部活動指導員の職務は，部活動に係る以下のものが考えられる。

・実技指導

・学校外での活動（大会・練習試合等）の引率※　等

※ 部活動指導員が単独で引率できるようにするためには，大会の主催者である中体連や高体連，高野連等において，関係規定の改正等を行う必要があるため，本省令の施行通知に合わせて，適切な対応について協力を依頼。

（3）校長は，部活動指導員に部活動の顧問を命じることができる。

3．部活動指導員に係る規則等の整備

学校の設置者は，部活動指導員に係る規則等を整備する。当該規則等には，部活動指導員の身分，任用，職務，勤務形態，報酬及び費用弁償，災害補償，服務及び解職に関する事項等必要な事項を定める。

4．部活動指導員に対する研修

学校の設置者及び学校は，部活動指導員に対し，事前に研修を行うほか，その後も定期的に研修を行う。研修は，部活動が学校教育の一環であることなど部活動の位置付けと教育的意義，生徒の発達の段階に応じた科学的な指導，生徒の人格を傷つける言動や体罰の禁止等について，十分に理解させるものとする。

5．施行日

平成29年4月1日

〈資料3〉

部活動指導員の制度化について

背　景

- 運動部活動については、顧問のうち、保健体育以外の教員で担当している部活動の競技経験がない者が中学校で約46%、高等学校で約41%となっている。※1
- 日本の中学校教員の勤務時間は参加国・地域中、最長となっている。※2

※1 (公財)日本体育協会「学校運動部活動指導者の実態に関する調査(平成26年)」　※2 OECD「国際教員指導環境調査(TALIS2013)」

外部指導者の活用

外部指導者は、顧問の教諭等と連携・協力しながら部活動のコーチ等として技術的な指導を行う。

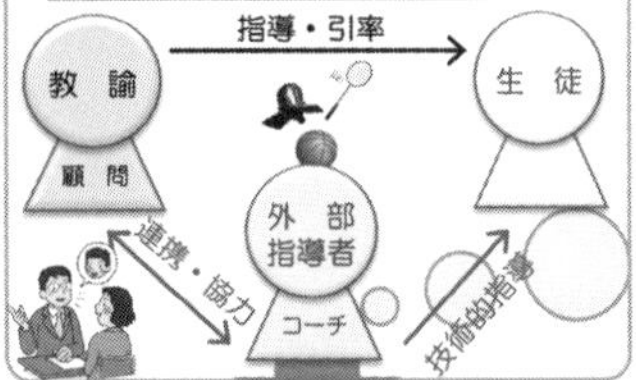

部活動指導員の制度化(H29.4.1施行)

中学校、高等学校等において、校長の監督を受け、部活動の技術指導や大会への引率等を行うことを職務とする「部活動指導員」を学校教育法施行規則に新たに規定。

＜職　務＞

実技指導、安全・障害予防に関する知識・技能の指導、学校外での活動(大会・練習試合等)の引率※3、用具・施設の点検・管理、部活動の管理運営(会計管理等)、保護者等への連絡、年間・月間指導計画の作成、生徒指導に係る対応、事故が発生した場合の現場対応　等

※3　大会の主催者である中体連や高体連、高野連等において、関係規定の改正等を行う必要がある。

体制の整備

規則等の策定

学校設置者は、身分、任用、職務、災害補償、服務等に関する事項等必要な事項を定めた部活動指導員に関する規則等を策定。

研修の実施

学校設置者及び学校は、部活動指導員に対し、部活動の位置付けと教育的意義等について、事前に研修を行うほか、その後も定期的に研修を行う。

部活動指導員の任用

部活動指導員は、部活動の顧問として技術的な指導を行うとともに、担当教諭等と日常的に指導内容や生徒の様子、事故が発生した場合の対応等について情報交換を行う等の連携を十分に図る。

ケース1（部活動指導員が顧問）

ケース2（部活動指導員及び教諭が顧問）

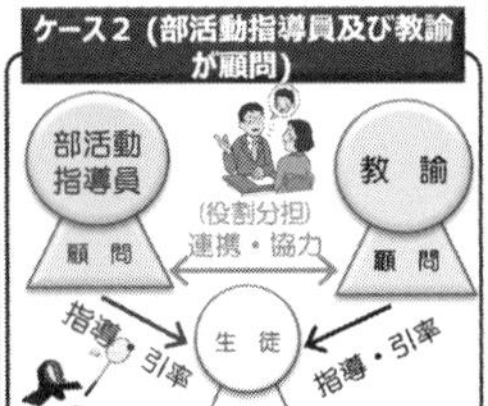

外部指導者の活用（従来通り）

外部指導者は、顧問の教諭と連携・協力しながら部活動のコーチ等として技術的な指導を行う。

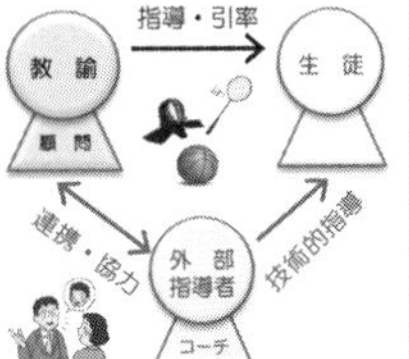

「運動部活動の在り方に関する調査研究報告書」(平成9年12月)における「運動部における休養日等の設定例」

中学生・高校生のスポーツ活動に関する調査研究協力者会議

運動部活動の意義の実現ということを考えれば，少ない活動日数・活動時間数が望ましいとも言えないものの，スポーツ障害やバーンアウトの予防の観点，生徒のバランスのとれた生活と成長の確保の観点などを踏まえると，行き過ぎた活動は望ましくなく，適切な休養日等が確保されることは必要なことである。

したがって，我々としては，[1] に示した調査結果の分析も踏まえ，次のような休養日等の設定例を示し，各般の参考に供するところである。

〔運動部における休養日等の設定例〕(参考)

- 中学校の運動部では，学期中は週当たり2日以上の休養日を設定。
- 高等学校の運動部では，学期中は週当たり1日以上の休養日を設定。
- 練習試合や大会への参加など休業土曜日や日曜日に活動する必要がある場合は，休養日を他の曜日で確保。
- 休業土曜日や日曜日の活動については，子供の[ゆとり]を確保し，家族や部員以外の友達，地域の人々などとより触れ合えるようにするという学校週5日制の趣旨に適切に配慮。
- 長期休業中の活動については，上記の学期中の休養日の設定に準じた扱いを行うとともに，ある程度長期のまとまった休養日を設け，生徒に十分な休養を与える。
- なお，効率的な練習を行い，長くても平日は2～3時間程度以内，休業土曜日や日曜日に実施する場合でも3～4時間程度以内で練習を終えることを目処とする。長期休業中の練習についても，これに準ずる。

これまでの運動部活動では，活動日数等が多ければ多いほど積極的に部活動が行われているとの考えも一部に見られたが，今後，各学校，各運動部において，適切に休養日等が確保されることを期待したい。

なお，委員の中には，可能なところでは，オフシーズンを設け，生徒のスポーツ障害やバーンアウトを予防するとともに，多様なスポーツ経験を通じて幅広い成長を促すことが望まれるとの意見もあった。
また，他校の状況との比較などから各学校，各顧問の判断だけではなかなか休養日等を設定しにくい現実があるとの委員の意見もあったところであり，これを踏まえると，都道府県・市町村の教育委員会や学校体育団体において，休養日等の目安を示していくことも検討されてよい。

あとがき

「部活って何?」――。

教職員の多忙を招き、子どもの自由な時間を奪い、時には暴言や暴力、非科学的な「指導」で子どもの命を奪うこともある部活。自主的な活動であるはずの部活にまつわる諸問題は、実に複雑にからみ合っています。教職員も子どもも保護者も「部活って何」を自由に語り合う場が乏しい、というのは親としての実感でもありました。

まずはそのからみ合った糸を一本一本丁寧にほどいてみよう、と部をこえたチームで始めたのがシリーズ「部活って何」でした。

「部活って何」という問いが頭から離れなくなったきっかけは7年前、「全国学校事故・事件を語る会」の集会でのことでした。体験を紹介したのは、ラグビー部での練習中に熱中症で中学生の息子を失った兵庫県の宮脇勝哉さん。重症の熱中症は子どもの体をどれだけ残酷に傷めつけるのか、冷静にかつリアルに再現する語りに私は言葉を失いました。

本書に登場する大分の工藤奈美さんも、熱中症と顧問の暴力で高校剣道部の長男を亡くしています。「こんなことは二度と繰り返さないで」と遺族が体験を語り広げ、科学的な指導を訴えた結果、熱中症の危険性が知られるようになりました。にもかかわらず今夏も、「体罰」という名の暴力と相まった熱中症事故が相次ぎました。私たち報道に携わる者には「部活が子どもの命を奪うなどということがあってはならない」と訴え続ける責任があると痛感しています。

「ブラック部活」という言葉がはやっています。が、今回の取材を通じて子どもの自主性を大切にする部活もあることや、学校から部活を切り離すだけでは解決しないことも見えてきました。

何よりはっきりしているのは、「子どもにとっての『部活って何』」を柱にしなければ解決の糸口は見えないこと。また、小手先の改善ではなく「学校って何?」まで思いを巡らせることが実は一番の近道であり、子どもも教職員も幸せになれる道だということでした。なぜなら、学校全体を覆う競争原理や自由に物を言えない空気が、部活のありように深く関わっているからです。

部活問題を切り口にして国は教職員の多忙化解消をうたい、対策を提案しています。しかし、「部活は外部に任せましょう」と現場の願いを受け止めるふりをしながら、一方で教職員を「学力向上体制」に集中させようという意図が透けて見える昨今の動きには、注意が必要です。

繰り返しになりますが、部活はあくまでも自主的な活動です。この原点に立ち返るヒントとして本書にはすでに進んでいる取り組みを収載。読者の皆さんから寄せられた声をできる限り紹介し、現役高校生や元高校球児、高校教員から手記を寄せてもらいました。

シリーズ「部活って何」は、編集センター坂本伸子をキャップに和泉民郎、勝又秀人、染矢ゆう子、堤由紀子、中東久直の各記者が担当しました。編集局内の記者たちは、私の顔を見るたびに部活の話題を提供してくれました。また地道に部活問題を追ってこられた研究者の方々には、たくさんの貴重なアドバイスをいただきました。絶好のタイミングで本書発行を呼びかけてくださった新日本出版社と担当編集者の久野通広さんに、心から感謝します。

顧問言いなりではなく、親の期待だけで先走るのでもなく、子どもが主人公の「部活のカタチ」を探り合うチャンス。本書を活用して、「部活って何」とあちこちでおしゃべりの花が咲くことを願ってやみません。

2017年10月

しんぶん赤旗　編集委員・くらし家庭部　堤由紀子

部活動《ぶかつどう》って何《なん》だろう？——ここから変《か》えよう

2017年11月15日　初　版

著　者　しんぶん赤旗「部活って何」取材班
発行者　田　所　　稔

郵便番号　151-0051　東京都渋谷区千駄ヶ谷4-25-6
発行所　株式会社　新日本出版社
電話　03（3423）8402（営業）
03（3423）9323（編集）
info@shinnihon-net.co.jp
www.shinnihon-net.co.jp
振替番号　00130-0-13681

印刷・製本　光陽メディア

落丁・乱丁がありましたらおとりかえいたします。

ISBN978-4-406-06175-9 C0037　Printed in Japan